# 田舎・郊外でお店、はじめました。

長井史枝

都心からはなれて人気店をつくった14人に学ぶ
お店のはじめ方・続け方

## インタビュー

Q&A

たばこ
24時間
自動販売機

# インタビュー

海と山と空に恵まれた
小さな街の古い蔵で
〝食と楽〟を合わせた
店を始めました。
「お水ちょうだい！」と
駆け込んでくる小学生と
料理に舌鼓をうつ大人。
いつの頃からか、
毎日いろんな人が来て
いろんな表情が見られる
場所になりました。

＼WHY NOT?／

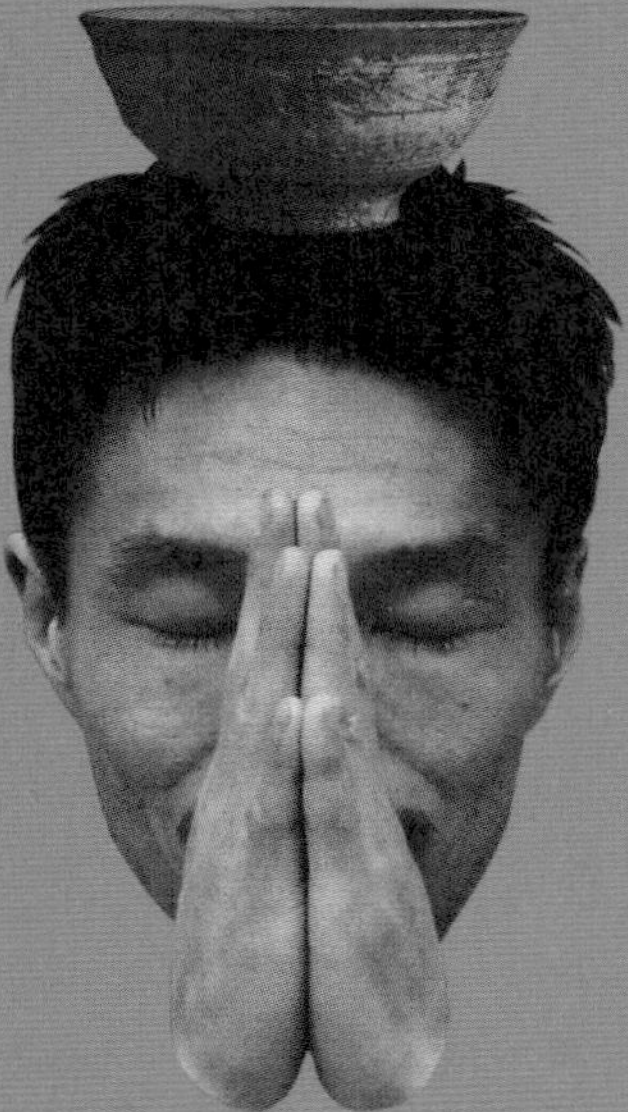

＼今ここ／

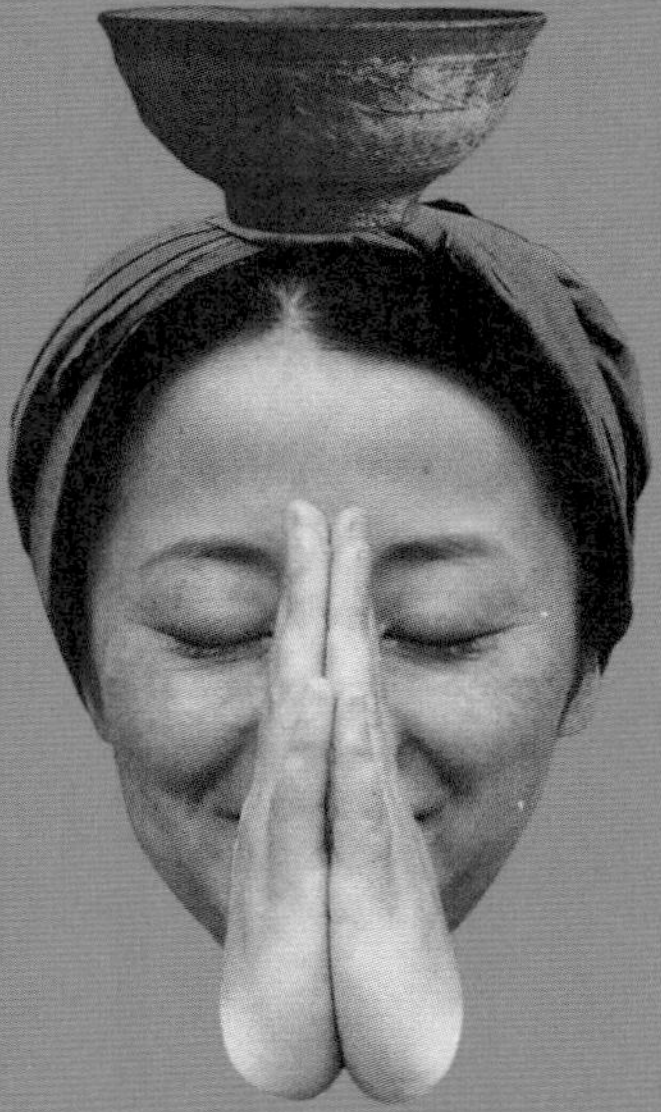

1

# 野菜ごはん＋ギャラリーYUSAN

海平貴史さん & 牧野加奈子さん

人生は一度きり。時間は有限だから、
愉快で楽しいことに使いたい。

## 考え過ぎずに、流れに乗ってみる

「秋谷は夕日がきれいなことで有名なんです。1日の終わりには夕日を見に浜辺に出る人も多いんですよ」

野菜ごはん＋ギャラリー『YUSAN』のご主人、海平貴史さんが嬉しそうに教えてくれる。店名の由来は「遊山《ゆさん》」（仕事の骨休みに花見などをかねて野外で食事や酒宴を楽しむこと）だというが、ここはその名に相応しい場所なのだろう。

横須賀市秋谷までは、逗子駅からバスで25分ほど。緑に覆われた丘陵を眺めながら国道134号線を進むと、葉山御用邸を過ぎたあたりから右手に海が開ける。バスのドアが開くたびに車内に潮の香りがふわりと漂う心地良い旅。そして、秋谷バス停のすぐ先にある蔵が『YUSAN』。大正時代に建てられた酒蔵は見るからに古く、長年、潮を浴びて荒れた壁が風格を感じさせる。

「この場所に出会わなかったら、私たちは店をやっていなかったと思います。ね？」と、料理こしらえ担当の牧野加奈子さんが言うと「そうだね」と海平さんが応える。二人は夫婦であり、仕事のパートナー。

「もともと僕はフリーのカメラマンだったんです。以前は『食』にはまったく興味がなくて、食べること＝栄養補給くらいに考えていました。でも、彼女がつくる料理を食べて開眼したんです。〝味〟ってこんなにいろいろあって〝野菜〟ってなんておいしいんだろうって（笑）」

一方、加奈子さんは根っからの食いしん坊で旅好きだったそう。

「いろんな国や場所を渡り歩いていたので、親から『あんたは女寅さんか』って言われていました（笑）」

カフェ、野菜料理屋、バール、懐石料理……。さまざまな土地で料理

yusan
ごはん + CAFE + ART

を食べ学び「食こそ文化の中心！」と考えていた加奈子さん。和食を極めようと思ったのは、20代で患った大病がきっかけだった。

「1年ほど入退院を繰り返しました。それで人生観が変わったかどうかは分からないけど、自然と素朴で身体にやさしい和食に立ち返ろうと思ったんです。板前修業は半端じゃなく厳しかったですけど」

　板前の世界は男社会。怒鳴られるのは日常茶飯事だったが、厳しい板場で、加奈子さんは辛抱強く修行にはげんだ。

「私はすごく負けず嫌いなので、絶対に乗り越えてやるって、逆に鼻息が荒くなっちゃって(笑)。でも、当時、徹底的に仕込んでもらって本当に良かったなと思います」

　そして今、修行時代の経験は、自分らしい料理をつくる礎になった。そこに「彼女の料理をみんなに知ってもらいたい」という海平さんの思いが重なった。料理に合う器を選ぶように、加奈子さんがつくる滋味に合う、古い蔵に一目ぼれしたのは2012年2月。同年5月には『YUSAN』をオープンした。

　とんとん拍子で開店にこぎつけたように見えるが、店主曰く「すべて後手後手」だったそう。

「二人とも熟考するとダメなタイプなんです。『店＝夢』じゃなくて、今この物件でやりたいこと、できることがあるからやろうっていうくらいの気持ちでした。お金やその他のことはなんとかなると思っていました。楽観的過ぎるかもしれないけど、物事がうまくいくときってそういうものだと思います」

　決して準備万端ではなくても、その時々の流れに乗ることはタイミングを逃さないということでもある。

「内装は、水道・電気工事以外は、ほとんど彼がやってくれました。店の家具も手づくり。私は、料理をのせるテーブル板は清潔感のあるものにしてってお願いしただけです(笑)。なんでもできる人だから、私は料理に専念できるんです」

　二人ならではの役割分担。加奈子さんが「つくる人」なら、海平さんは「店を守る人」なのだと思う。

## 心もお腹も満腹になる店でありたい

『YUSAN』の料理は、旧暦二十四節季の考え方をもとに立春、雨水、啓蟄、春分……と、2週間ごとにメニューが替わる。この日は4月の半ば、「清明」のお膳。メニューは、筍もち木の芽あん／昆布と新ゴボウ・人参の炒め煮／焼しいたけとトマト／分葱《わけぎ》のマリネ／カブと春の菜の赤出汁／蕗《ふき》ごはん＋香物。

「料理は、旬のもの、走りのもの、名残のものを使って、五味（甘、苦、酸、辛、淡＝塩味）・五色（赤、黄、緑、黒、白）・五法（揚、煮、蒸、焼、なま）をバランスよく取り入れてつくるようにしています。日本人だから分かる「季節の変化」を感じてもらいたいですし、ちょっと元気がないなぁというときでも召し上がっていただける料理をお出しできたら嬉しいです」

地元三浦産や、加奈子さんの故郷、高知県から届く新鮮で安心な野菜を使ってつくる料理は、見ても食べても絶品。箸を進めるごとに気持ちが和らぐお膳には、本来〝食べること〟に宿る、生きるためのパワーが満ちている。そしてまた、秋谷の景色も、ご馳走であることは間違いない。海平さんに、郊外で店を始めるために必要なことを尋ねた。

「郊外で店をやるなら、自分たちの

考え方をはっきり示した方が良いと思います。万人にうけるメニューよりも、わざわざ足を運んでも食べたいと思ってもらえる料理がいいし、プラスアルファの発見があれば、なお楽しいと思うんです。秋谷は来てもらうには面倒な場所だけど、だからこそ大切なものが残っているところ。自然の中で心もお腹も満腹になる、そういう店でありたいですね」

店の裏手にあるギャラリーでは、各種作家作品の展示、蚤の市、フランス語教室など、毎回趣向を凝らした催しや教室を開催している。

「いろんな分野の催しは、お客様のためだけじゃなく、僕らにとっても勉強になるし楽しみです。二人とも店に缶詰になっていられる性分じゃないけど、だからといって、そうそう外出もできないでしょ。だから、面白いことをやっているアーティストの方に店に来てもらえるのは一挙両得なんです」

聞いてなるほどと思う。人をもてなす側にも、さまざまなことを体験して楽しみ、吸収する時間は必要だ。

多くの人と関わりながら自分たちらしい店を築いてきた海平さんと加奈子さん。昨年は長男、奏園《そうえん》くんも誕生。家族が増えて働き方や将来に対する考え方は変わっただろうか。

「子どもが生まれてからは、協力しよう！っていう家族の絆がより強くなって、二人で時間の使い方を考えながら働いていています。でも人生は一度きり。時間は有限だから、できるだけ愉快で楽しいことに使いたいという気持ちは変わりません。将来はフランスに『YUSAN』2号店を出したいねって話しています（笑）」

かつてフランスで暮らした経験がある加奈子さんは「フランス人の、飲んで食べて笑って恋をする、人間らしいところが大好きだから」と言葉を添えた。

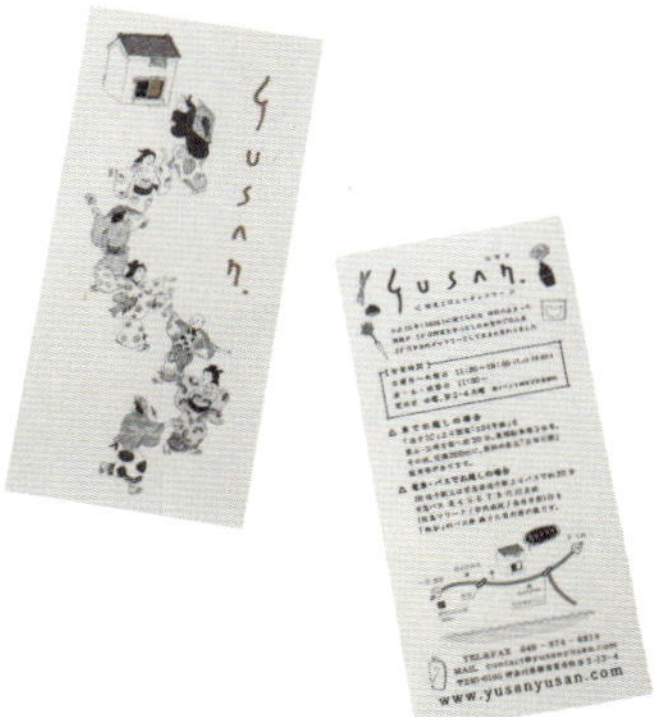


夕方6時を過ぎる頃、海平さんに抱かれて奏園くんが保育園から帰って来た。「お帰り、奏ちゃん！」と迎える加奈子さんの表情が、またたく間に緩んで温かい母の顔になる。

秋谷の人は美しい夕日を見て1日を終えるというが、二人にとっては奏園くんの笑顔こそが秋谷の夕日。今日の終わりに癒され、明日のパワーをもらう、いちばん大切で愛おしい太陽だ。

# こだわりの道具

1

## ささら

柚子などの皮の表面をすりおろしで削ったものを、料理の上に散らす道具。すりおろしからきれいに落とすことができる。和食には欠かせない道具。

2

## やっとこ＋やっとこ鍋

入れ子式になっている手無し鍋と鍋つかみ。大小（5〜6種類）そろえてあるので、ボウルの代わりとしても使用でき、収納の場所もとらない。

3

## 流し型

お弁当やケータリングなど、料理をちょっと華やかに見せたいときに便利。包丁では足りない部分を補ってくれる。季節感も出せるので、和食には欠かせない道具。

4

## 盛りつけ箸

料理を盛りつけるときだけに使用する、先端が細くなっている箸。昔は「華箸」と呼ばれ、板長しか使えなかった。これがないと盛りつけが決まらない。

5

## さび釘

黒豆を煮るときに使用する。キッチンペーパーに何本かくるんで輪ゴムで留めた状態で鍋に入れると、艶々とした良い黒色に煮上がる。季節を問わず使っている。

6

## 薄刃包丁

野菜を切るとき専用の包丁。10年ほど前、板前の修行時代にどうしても自分の包丁が欲しくて買った、京都・有《あり》次《つぎ》の包丁。研ぎながら大切に使用している。

7

## 器

料理の味を引き立ててくれる大切な脇役。よく使うのは、料理が映える素朴でシックな色合いのもの。お客様ごと、違う器に盛って出している。

8

## インパクトドライバー

電動ドライバー。ねじの開閉や先端を変えればドリルにもなる。簡単な大工仕事やDIYには欠かせない。『YUSAN』の内装工事に大活躍する道具。

# 野菜ごはん＋ギャラリーYUSAN

## お店のプロフィール

オーナー　海平貴史さん
（うみひらたかし）
1978年生まれ
牧野加奈子さん
（まきのかなこ）
1977年生まれ

住所　神奈川県横須賀市秋谷
2・13・4

最寄駅　JR逗子駅、京急新逗子駅

電話　046・874・8819

HP　www.yusanyusan.com

営業時間　11時30分〜19時

定休日　水曜、第2第4木曜

店舗面積　15坪＋α

オープン日　2012年5月1日

## 店舗オープンまでのスケジュール

2012年2月　開業を決意
開業準備を始める
物件探し

2012年3月　資金調達
厨房機器・什器の調達
内外装工事
仕入先の確保

2012年4月　不動産契約
DM制作

2012年5月　試作
HP開設
お店をオープン

## 開業のための資金

開業資金　総額585万円

〈内訳〉
店舗取得費　100万円
内外装費　20万円
厨房機器費　40万円
什器・備品費　70万円
広告宣伝費　5万円
仕入れ費　20万円
運転資金　180万円
その他　150万円

〈資金の調達方法〉
自己資金　385万円
借り入れ　200万円（日本政策金融公庫）

一歩足を踏み入れると
時代が摩り替わる場所。
土間続きの玄関には、
日めくりカレンダーと
脱衣かごに
入った雑誌。
「ハナメガネ」の
店名通り、
忘れかけていた光景や
物事を集めたら、
想い出探しと出会いを生む、
温故知新の店ができました。

人生はひまつぶし

2

# ハナメガネ商会

マスダモモエさん

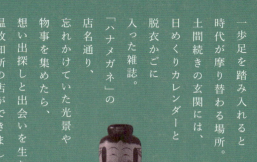

ハナメガネ商会

## 転機になった「一箱《ひとはこ》古本市」

休日にはSLが走ることで知られる真岡鐵道は、栃木と茨城の県境を縫うように路線が敷かれている。かつての木綿の生産地を走り抜けることから、地元では「コットンウェイ」の愛称で呼ばれ親しまれる電車だ。下館駅から益子駅までの40分。車窓から見渡す景色は、およそ空と田畑で、麦わら帽子をかぶって畑仕事に勤しむ人の顔が見えそうなほど、電車は長閑に進んで行く。

年2回の恒例の益子陶器市を終えた閑散とした街を歩くこと10分弱。『ハナメガネ商会』の看板の向こうには花が咲き、緑が茂る庭があり、大きな飛び石がさらに奥の古民家へと続いている。導かれるままに、朱色の型染めのれんをくぐると「遠くまですみません。どうぞ上がってください」と、店主のマスダモモエさんが迎え入れてくれた。店内には古本をはじめ郷土玩具や紙ものなどが、ひしめくように並んでいる。訪れた人は、一度ハマッたら、店にあるものすべてを吟味して堪能するのに相当な時間がかかるはずだ。この昔懐かしい世界をつくり出したマスダさんは、実は数年前まで、東京で編集者として情報誌をつくっていたというから驚く。

「出版社にいた頃は、とにかく忙しくて本をつくっている感覚はまったくありませんでした。出版のサイクルも早いので、せっかくつくった本が読み捨てられていくような気がして、なんだか悲しかったです」

そんな生活が3〜4年続いた頃、同業の友人に誘われて「一箱古本市」に参加した。それぞれ一箱分の古本

編集者から古本屋へ。仕事は本と人との新たな出会いの仲介役です。

を持ち寄り、来場者や出店者同士で売買するイベントで、マスダさんは初めて本を売る体験をした。
「自分が選書した一箱が「店」になる。そういう考え方があるんだって驚きだったし、自分の中の古本屋のイメージが大きく変わりました。今までは「古本屋」＝難しい本と強面のおじさんが店主の入りにくい店かブックオフ、どちらかのイメージしかなかったんです。でも、谷中あたりには、いろんなジャンルの古本をそろえた入りやすい古本屋さんがたくさんあって、自分が知らない、こんなに楽しい世界があったんだって、ワクワクしました（笑）」
古本の魅力に開眼したマスダさんは、数年後、友人とともに古本のウェブショップ『はなめがね本舗』を立ち上げた。扱うのは「懐かしい絵本やまんがが、昭和の奥様の愛読書や女性実用書」など、昭和レトロな感覚と乙女心をくすぐる本。人生初のウェブショップオーナーになったマスダさんに当時の運営方法を聞いてみると、とても理にかなっていた。

「当時、私は働いていましたし、実店舗をもつのは金銭的にも無理。それに、ちょうどお互い結婚して私は埼玉、友人は京都で暮らすことになったんです。別々の場所に住んでいてもウェブショップなら二人でお店ができる。それで、それぞれが事業主になって『はなめがね本舗』の中で、各自好きな本をアップすることにしました。単純に、自分があげた本の売上分が収入です。二人とも編集経験があったので、ウェブショップのデザインを考えたり、本の目録を作成するのも苦にならなかったです。編集者時代の経験がやっと活きました（笑）」

仕事の分担、売上の管理や分配……。仲の良い友人同士でも、仕事となるとうまくいくとは限らない。その意味で、各自の責任と仕事が明確な『はなめがね本舗』の運営方法は大正解だった。

## 店はお客様が育ててくれた

「益子は田舎っぽさと、若い人たちがなにかをやろう！っていう雰囲気がある街。陶器市のときには県外から大勢の人が集まります。私は店をやるなら、そういうメリハリのある街がいいなと思っていたんです」

ウェブショップオープンから7年。二人は、それぞれの拠点で、店名を改め実店舗を持ち、独立するまでになった。マスダさんに実店舗『ハナメガネ商会』をもってなにか変わったことはありますか？と尋ねた。

「お客様と直接会って、本を見ながら一緒に盛り上がれるのが楽しいで

すね。雑貨もだいぶ増えました。店を構えたら、うちのイメージに合う商品を扱っている古物商の人が訪ねて来てくれるようになったので、ときどき仕入れているんです」

テーブルの上には店のコンセプト「昭和レトロ」を好む人に喜ばれそうな古いガラス食器やポップな絵柄のタンブラー、花柄の魔法瓶まである。別の棚にはマスダさんが趣味で集めている、こけしコレクションもずらり。いつのまにか「こけしマニア」の人が委託商品として置いていくようになり、膨大になったそう。

「雑貨と古本が一緒に置いてあることで、お客様が気軽に寄ってくれるようになって良かったです。実は田舎では、古本は要らなくなったものという意識があるので「古本屋」は馴染まない部分があったんです。だから、雑貨を見に来てくれたり、イベントに参加してくれたお客様が、偶然、思い出の本を見つけて喜んでくれるとすごく嬉しいです」

店のコンセプトを守りながら、その土地に合った店づくりができるかどうかは店主の手腕にかかっている。もちろん、マスダさんは店主ならではの目利きで良い商品を集めることにも余念がない。

「商品は古本市で買いつけて来ることもありますが、一番多い仕入れルートは買い取りです。車で持って来てくださる方もいれば、発送していただくこともあります。古本の場合、その店ごとに客層が違うし得意分野があるので、値段のつけ方は本屋によってバラバラです。たとえば、他店では高額で売っている専門書でも、内容によっては、うちでは値段がつきません。でも、とにかく私は一度見せてもらってから買い取るかどうか判断することにしています。段ボール箱の中から、なかなか見つからなかった本が見つかることもあり、仕入れは宝探しみたいで大好きなんです」

古本の話になると、マスダさんは心底楽しいといった表情になる。思わず「古本屋になって良かったですね」と言うと「はい！本当に良かったです」と即答する。

「最初は自分たちの『やりたい』気持ちだけで始めましたが、お客様の要望に応えるうちに、どんな本が求められているのかが分かってきました。そういう意味で、ハナメガネ商会はお客様に導いていただいた店なんだなぁという感謝の思いが強いです。本を探している方の思い出を聞けるのも古本屋ならではですね。『子どもの頃、お母さんと一緒につくったケーキのレシピ本を探しています。もう一度、あの味を食べたいんです』なんて話を聞くと、絶対に探すぞ！って気合いが入ります」

話を聞いている間、店には何人もお客様が来てはマスダさんが呼ばれる。そして一冊の本を挟んでひとしきり話に花を咲かせると、丁寧に袋に入れて手渡す。その様子は、新刊書店とは少し違うような気がした。

「古本とお客様の出会いは、めぐり合わせだと思うんです。新刊のように注文したら届くわけじゃないし、出会いが選べないところが楽しい。買って行かれる方がいると、本を新たな場所に旅立たせるような、いつもそんな気持ちになるんです」

古本ならではの時代の匂いや、長年読み継がれてきた質感が好きだというマスダさん。古本に出会い、その魅力を知って「ワクワクした」と話してくれたときの屈託のない笑顔は、きっとこれから先も変わらない。

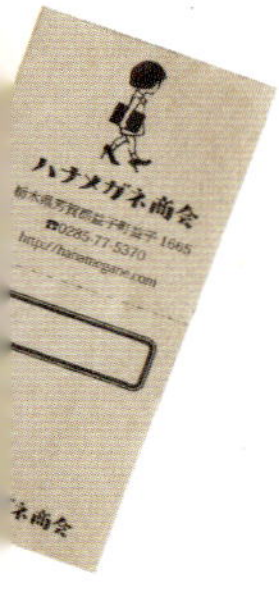

## おすすめの古本

### 1 サザエさんうちあけ話

〈長谷川町子・著／姉妹社〉

漫画家・長谷川町子の自伝的作品集。福岡から上京したのちの家族の暮らしぶりが生き生きと描かれている。まさに「リアルサザエさん」という一冊。

### 2 ひとりで街をゆくときも

〈新川和江・著／新書館〉

女性らしい視点で書かれた詩集。マスダさんのおすすめは「わたしを束ねないで」という詩。型にはめられたくないという気持ちを柔らかく表現している。

### 3 レスビアンテクニック

〈秋山正美・著／第二書房〉

昭和43年、第二書房から発行された、当時ではめずらしい女性同士の性生活のハウツー本。真剣に同性愛を考えるという視点でとても丁寧に書かれている。

### 4 ねこのシジミ

〈和田誠・著／ほるぷ出版〉

和田さんが飼っているネコ・シジミの目線で描かれた本。淡々と進む話の中から、猫と暮らす日々の楽しさが伝わってくる。猫好きにはたまらない絵本。

## 5 よしおくんがぎゅうにゅうをこぼしてしまったおはなし

〈及川賢治・竹内繭子・著／岩崎書店〉

イラストレーター・100％オレンジ（夫婦）が本名で描いている。ストーリーは単純だが読むと不思議と元気になる。何回読んでも一笑いできる。

## 6 ふくちゃんとおもちゃのくに（非売品）

〈横山隆一・著／フレーベル館〉

1964年発行。ふくちゃんがおもちゃの国を旅する話。こけしの国も出てくるので、マスダさんが個人的にもハマった一冊。写真＋マンガという構成が新しい。

## 7 LYRICA

〈サンリオ〉

1976年創刊の少女漫画雑誌。「思い出に残る本を」というサンリオ社長の願いに応えて、手塚治虫、山岸涼子、ちばてつやなど、豪華な執筆人が描いている。

## 8 すてきにへんな家

〈タイガー立石・著／福音館書店〉

虚実入り混じった世界の家を絵で紹介してくれる本。人がどう生きたいか？を形に表したものが家。「自由な発想でいい」ということを教えてくれる本。

# ハナメガネ商会

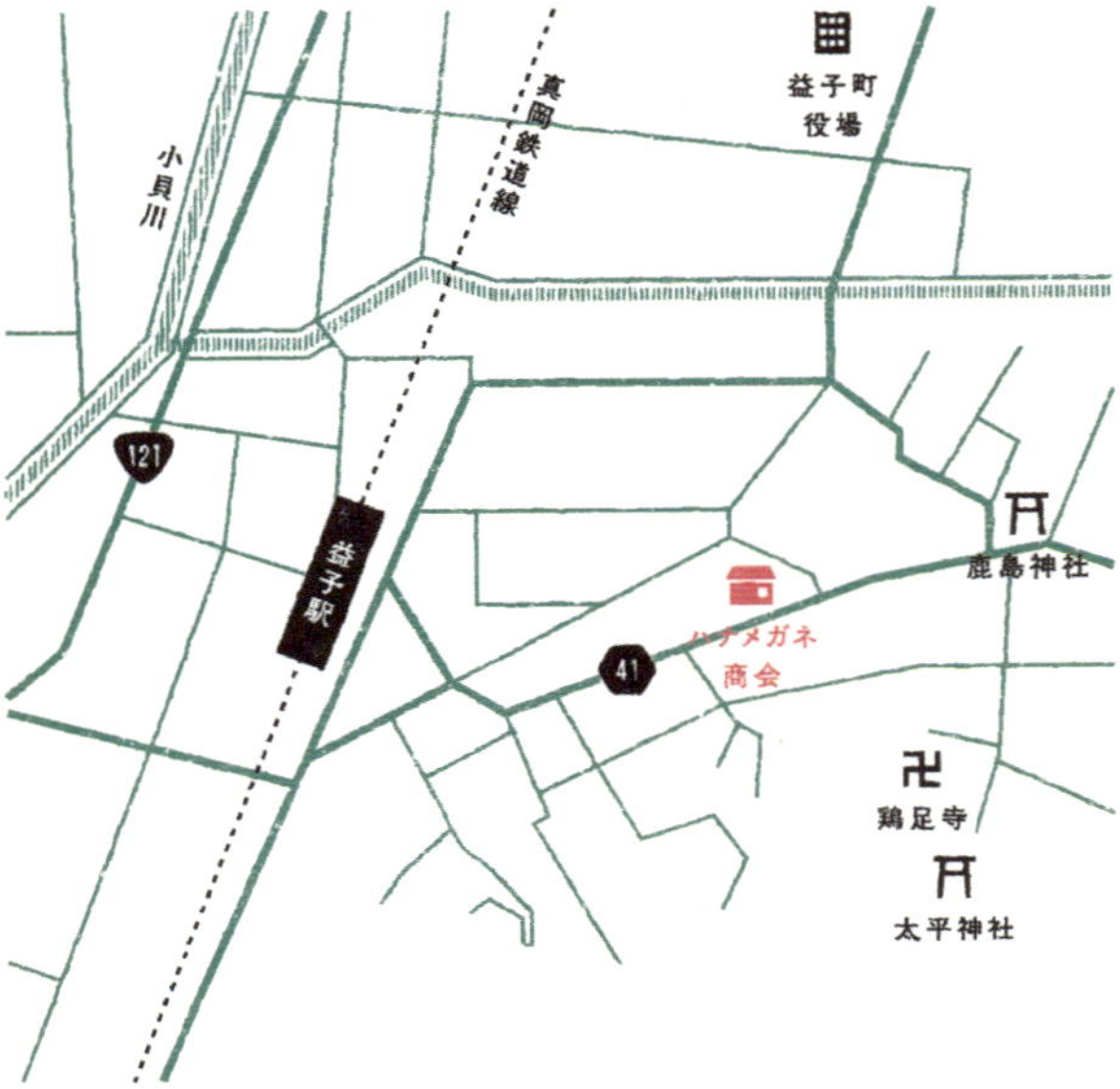


## お店のプロフィール

オーナー　マスダモモエさん
1982年7月6日生まれ
住所　栃木県芳賀郡益子町益子1665
最寄駅　益子駅
電話　0285・77・5370
HP　http://hanamegane.com
営業時間　11時〜17時
定休日　水曜、木曜、第2第4日曜
店舗面積　48・4㎡
オープン日　2014年4月25日

## 店舗オープンまでのスケジュール

2007年12月　開業を決意
2008年4月　ウェブショップをオープン
2012年2月　自宅内に最初の実店舗オープン（益子町）
2013年9月　物件を見つける
2014年1月　不動産契約
2014年2月　内外装工事
2014年3月　移転DM作成
2014年4月　移転オープン

## 開業のための資金

開業資金　総額121万円
〈内訳〉
店舗取得費　10万円（敷金）
内外装費　70万円
什器・備品費　20万円
広告宣伝費　1万円
仕入れ費　20万円
〈資金の調達方法〉
自己資金　90万円
補助金　31万円（益子町起業支援補助金）

春サクラ、夏ラベンダー、
秋キンモクセイ、冬キンカン。
畑を愛で酵母を起こし、
家族で丹精込めて
つくるパンは、
多くの人が心待ちにする、
四季を知らせる
風物詩になりました。

\ 一期一会 /

3

# 畑のコウボパン タロー屋

星野太郎さん & 真弓さん

## 人生を変えた酵母との出会い

土曜日、午前10時少し前。北浦和の住宅街に、一人二人と人が集まってくる。「今日から桜のパンが出るから」と嬉しそうなお母さん。自転車でやって来た女の子は、ウインドウにはりついて品定めをしている。「畑仕事の途中だけど、もうじき開店時間だから抜けて来たのよ」。明るく笑う三世代は、そろって長靴姿だ。みんな今か今かと『畑のコウボパンタロー屋』の開店を待っている。そこへ店主の星野太郎さんがやって来て「おはようございます！」と、小さなコップを配り始めた。中身はエルダーフラワーのシロップ入りミント水。「暑いですから、どうぞ」と気遣う笑顔が爽やかだ。今日は、八重桜、いちご、シャクナゲ、いちじく、レモン、伊予柑、ゆずの7種の酵母を使ったパン15種類、500食を販売する。

星野さんがパン屋になったのは30歳のとき。ウェブデザイナーからの転身だった。

「10年以上前、知人が酵母の起こし方を教えてくれたんです。酵母はパンをふくらませてくれる微生物なんですけど、『花とか果物を切って、水と一緒に瓶に入れておくと酵母が育つ』って。半信半疑で実家の庭になってたビワで試してみたら、瓶のふたを開けるとき、プシュッと見事に泡としぶきを上げたんです。その瞬間が感動的で、以来、仕事そっちのけで酵母づくりにはまってしまったんです。気づいたら部屋は酵母の瓶だらけ。じゃあパンを焼いてみようかって、それが始まりです」

しかし星野さんはパンに関しては素人。どこかで修行を？と尋ねると「実は本を読んで勉強したくらいで、ほぼ自己流です」と少し恐縮しなが

酵母の延長線上にパンがあった。
それが一生の仕事になりました。

ら教えてくれた。

「開業したのは2005年。僕の場合、酵母の延長線上にパンがあったという感じですけど、やっとやりたい仕事が見つかったと思いました。酵母を育てて香りや味をテイスティングし、それからどんなパンをつくろうか考える。そのへんの思考回路は変えられないから、生まれ育った北浦和でやりたかったんです。ここなら昔からの畑も残っているし、実家と親戚の庭で育つ作物で酵母がつくれる。それを使ってパンづくりができたら素敵だなぁと思って」

子どもの頃から植物採集が好きで、学校帰りにビニール袋いっぱい、つくしを採って帰っていたという星野さん。そんな原体験が、自然の恵みをいただく仕事へと導いたのかもしれない。

「最初は小さな工房を借りて、つくったパンを地元の自然食品店やオー

ガニックレストランに持ち込みました。大胆にも売り込みです（笑）」

スタートは卸専門のパン屋。季節ごとに変わる自家製酵母を使ったパンの評判は上々だった。

「翌年には住居兼工房を建てましたが、まだ店舗にする勇気はなかったです。こんな静かな住宅街で店が成り立つわけがないと思っていましたから。でも、しばらくして近所の中学生から『パン屋さんはいつオープンしますか？』という手紙をもらったんです」

星野さんの自宅前は通学路。ガラス窓の向こうに並ぶ小麦色のパンと芳ばしい香りは中学生をワクワクさせていたようだ。手紙に背中を押されて細々と販売を始めると、星野さん曰く「有り得ない」ことが続いた。

「思いのほか地元の方が喜んでくれて、クチコミで次第に遠方からのお客様も増えました。そしたら雑誌の

取材が来て、ものすごい行列ができるようになって……。当時、たぶん一晩でカンパーニュ60ホール分くらい焼いて、夫婦で寝ずに店に立っていたと思います。幸運だったけど、いったいなにが起きたんだろう？って、不思議な気持ちでした」

戸惑う一方で、多くの人の反響を得たことはパン屋としての自信になった。そして、本格的に販売を始めるために、実家の敷地内に新たな畑と店舗を構えたのは、2013年4月のことだった。

## パンを介して季節感を届けたい

ルッコラ、ルバーブ、いちご、そら豆、きんかん、オリーブ……。蝶が舞い、てんとう虫が住む星野家の畑には、30種ほどの植物が生長している。レモンバームをちぎって「手に取ると良い香りがします」と渡してくれたのは、畑を担う星野さんの父、昭夫さん。「ラズベリーは孫と一緒に食べながら収穫する」のだと終始笑顔で畑の中を先導してくれた。

「父は僕が酵母にしたい野菜や花を育ててくれています。ピザをつくるからトマトをつくってとか、シュトーレンの季節になると大量のゆずの皮をむいてもらうこともある。親子だから言えるわがままですよね。頭が上がりません（笑）」

親子の連携作業でつくる季節を練り込んだパン。星野さんは、丹精込めた畑のコウボパンの販売方法についても工夫を凝らしている。

「つくったパンを無駄にしないためにも、店頭販売は週2日に集中させて、あとは卸と月8回のネット通販（定期便）です。販売日前には事前予約で大体の入人数を想定して、当日のお客様の様子を見ながら不定期で通販〝おまかせ便〟も受けつけます。郊外の店だからこそ、通販を併用して商品のロスをなくしています」

ロスをなくすことは、つくった商品に対して店主として最後まで責任をもつということ。同時に、多様な注文に対応するためには気力も体力も使う。酵母とパンの仕込みはもとより、予約メールの確認と返信、電話対応、商品の梱包、発送手配……。やるべきことは山ほどある。店頭ではお客様一人ひとりの希望を聞きながらの対面販売が基本だ。

「僕は、お客様が来てくれるのが当たり前とは思えないんです。だから3人体制の小さな店ですけど、やれることをきちんとやって、全国のお客様にパンを届けたい。大変だけど、好きなことをして喜んでもらっている実感があるから続けられます」

タロー屋には、ご近所さんから酵母の素材が届くこともある。この日

は自宅の庭で育てたという、きれいなバラの花が届いた。

「季節の花をいただいて、僕はそれをパンにしてお返しします。人になにかを届けられるって嬉しいですよ。郊外の住宅街だからこそできるコミユニケーションかもしれませんね。それに、うちは実家の地所で店をやっているから家賃がかからない。それは最大のメリットです。父が畑で育ててくれた作物から酵母を起こして、こうして家族でパン屋ができるって本当に幸せなことです。この土地や人との繋がりもふくめて、いろんな関係がうまく循環しているなぁと思います」

星野さんに、これから取り組みたいことは？と尋ねた。

「将来的には、酵母の楽しさを伝える活動ができたらなと思います。今は少しずつ酵母の起こし方のワークショップを始めたところです」

やはり酵母ありきの展望だ。最後に、年間50種もの酵母を起こすという星野さんに「酵母を見せていただけますか？」と聞くと「ぜひ見てください！色もきれいだし香りも知ってもらいたい」。言うが早いか、大きな瓶をいくつも抱えて来てくれた。シャクナゲの大きな花が浮遊する酵母瓶のふたを叩いて音を確認し、ゆっくり開けると、プシューっと酵母液がしぶきを上げた。たしかな〝生命力〟を確認した星野さんは「元気だ、良かった」と、わが子を見るような優しい表情で笑った。

# 春の酵母パン

1

## すりつぶしいちご酵母の白パン

チョコチップ入り〈240円〉

すりつぶしたいちごで起こした酵母を使用し、生地にチョコチップを加えて焼き上げたパン。口に入れると、ほんのりといちごの風味が広がる。

3

## ゆず酵母のフリュイショコラバトン

〈270円〉

お客様からの要望で生まれた一品。プレーンなパンが多いタロー屋の中では、一番お菓子に近いおやつパン。甘さ控えめのチョコ味が子どもに大人気。

2

## すりつぶしいちご酵母のイングリッシュマフィン

〈240円〉

すりつぶしたいちごで起こした酵母を使用。「一般的なマフィンより厚めにつくっています」と星野さん。具材を挟んでも、ジャムなどをつけて食べてもおいしい。

4

## 伊予柑酵母のベーグル

〈240円〉

クセがなく、食べやすいベーグルは、もちもちとした食感を楽しめる。伊予柑ピールのほろ苦さが味のアクセントになっている。クリームチーズとよく合う。

### 5 伊予柑酵母のフリュイ〈480円〉

ドライフルーツがいっぱい入ったパンが食べたい！というお客様のリクエストに応えてつくったパン。季節ごとに変わる酵母でつくっている、デザート感覚のパン。

### 6 シャクナゲ酵母の食パン〈1/2斤＝480円／1斤＝920円〉

近所に住むお客様の庭で咲いたシャクナゲから酵母を起こし、焼き上げた食パン。クセのない素朴な味が魅力。春のほんの一瞬の季節もの。

### 7 レモン酵母のノア・レザン〈1/4個＝410円／1/2個＝800円／1個＝1540円〉

はるゆたかブレンド、ゲランドの塩、自家製レモン酵母、有機レーズン、有機クルミを使用。レモンティーのような風味が特徴。レーズンやクルミがたっぷり入っている。

### 8 八重桜酵母のコンプレ〈1/4個＝410円／1/2個＝800円／1個＝1540円〉

親戚の家にある八重桜の若葉から酵母を起こして使用。スモーキーな、さくらもちのような風味が魅力。そのままでも、プロシュートなどをサンドして食べてもおいしい。

# 畑のコウボパン タロー屋

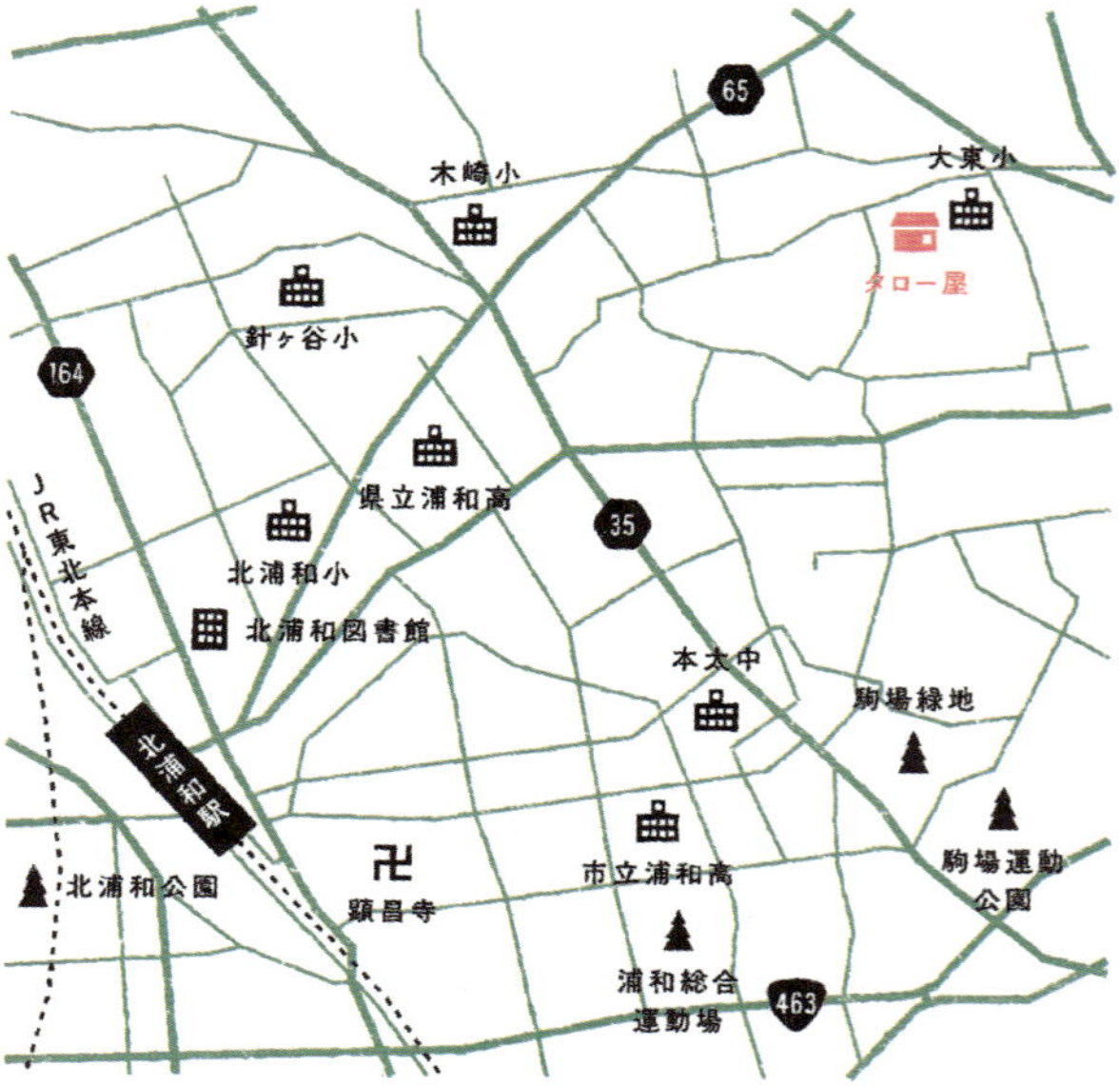


## お店のプロフィール

オーナー　星野太郎さん
(ほしのたろう)
1973年8月17日生まれ
真弓さん
(まゆみ)
1976年8月15日生まれ

住所　埼玉県さいたま市浦和区
大東2・15・1

最寄駅　北浦和駅

電話　048・886・0910

HP　www.taroya.com

営業時間　10時～売り切れまで

定休日　不定休

店舗面積　54㎡

オープン日　2007年6月30日

## 店舗オープンまでのスケジュール

2006年1月　開業を決意
開業準備を始める

2006年6月　内外装工事

2006年8月　厨房機器・什器の調達

2007年4月　試作／HP開設

2007年6月　お店をオープン

## 開業のための資金

開業資金　総額430万円

〈内訳〉

厨房機器費　400万円

什器・備品費　30万円

〈資金の調達方法〉

自己資金　430万円

自分の場所をつくりたい。
さまざまな人が、日々、
行き交い語らう場所。
そんな思いを喫茶店
という形にしました。
最新の流行や、人気の
スイーツはないけれど、
「この街にこの店が
あって良かった」と
喜んでもらえたら
なにより一番、幸せです。

迷ったときは自分が
笑顔でいられる方へ!!

4

## 喫茶ソスイ

すずききみこさん

## 3店同居の喫茶店店主へ

一面の水田を造成して生まれた越谷レイクタウン。駅の前には「湖」と呼ばれている大相模調整池が広がり、周囲には緑地と遊歩道が整備されている。しかし、ここを訪れる家族連れの多くは、店舗数700を超える日本一広大な大型ショッピングセンターへと吸い込まれ、平日は湖周辺で過ごす人の姿は見当たらない。湖面から上がる噴水の水音が長閑に響き、水田当時のメモリアルツリーとして植えられた一本の思川《おもかわ》桜は、歩道の彩りとなって静かに枝葉を揺らしている。湖沿いに半周ほど歩くと『喫茶ソスイ』が入居する『越谷《こしがや》星草荘《ほしくさそう》』に到着する。一見すると、人家となんら変わらない素朴な外観は、この店を目指して来る人でなければ通り過ぎてしまいそうだ。

すずきみこさんが、故郷の越谷に『喫茶ソスイ』をオープンしたのは2014年。以前は、出版関連の仕事やブックカフェなど、さまざまな職場で働いた経験がある。

「喫茶店を始める前の数年は、自分

店を始めて、この街で豊かに
暮らしていけると思うようになりました。

がやりたいことをやって、ちゃんと楽しんだという実感があります。好きな本に関わる仕事に就いていたときはもちろん、神戸や京都に暮らして、アルバイトしながら過ごした日々も充実していました。職場の人間関係にも恵まれていたので、翌日の仕事のことを考えてブルーになるなんて、まったくなかったです（笑）」

職種に関わらず「気持ちよく仕事をして、その結果、良い人間関係が生まれるのが嬉しかった」と話すすずきさん。それはきっと仕事に限ったことではないのだろう。すずきさんの柔らかな物腰は、どんな人との間にも壁をつくらないように思う。

「越谷に戻って来て『オタマジャクシ工房』のオタマさん（アクセサリー店・今出央介さん）に出会いました。私が小さい頃から料理好きなこと、マクロビオティックの勉強をしていたことなどを話すと、『今度店を移転するから一緒にやらない？』と誘ってもらったんです。当時の仕事を辞めたくはなかったんですけど、自分は60歳を過ぎても会社の一員として働いていくのかな？って考えると、それは違う気がして。ずっと仕事を続けるなら、好きな料理を活かして、人が行き交う喫茶店をやってみたいと思ったんです」

当時、なにかに行き詰まっていたわけじゃない。でも、新たな目標を見つけたすずきさんは、会社を辞めて喫茶店店主になることを決めた。

「あらためて料理の勉強をしたり、人気のカフェを見に行ったり、という準備はなにもしませんでした。何事も始めてみないと分からないので、そのときどきで対応していけばいいかなぁと思って（笑）」

穏やかに笑うすずきさんに気負いはなかった。数ヶ月後『古道具ピーナッツ軒』の、しのちゃん（篠原典子さん）を加え、まったく業種の異なる3軒が一つ屋根の下に同居する『越谷星草荘』がオープンした。

## ご機嫌に過ごせることをやっていく

物件は築50年の平屋建て。２ＤＫだった壁を抜いたフラットな空間で、それぞれの店が営業している。年代物の家具で統一された部屋の奥では手づくりのアクセサリーが生まれ、部屋にはカレーの香りが漂っている。明確な仕切りのない店舗で、3店の役割分担や家賃負担はどうやって決めているのだろう？

「内装は、古道具のしのちゃんが中心にまとめてくれています。家賃や経費に関しては、ガス代とキッチン周りのものは『喫茶ソスイ』、それ以外はきっちり3等分です。共用部分の経費、たとえばトイレットペーパーとか備品を購入したら、月末にレシートを持ち寄って合算して3等分にしています。ゆるい感じですけど、うまくいっていますよ」

今のところ「デメリットは感じない」とすずきさん。

「単独で店をもつよりも金銭的なリスクが少ないし、集客の意味でも相乗効果があると思います。もちろん、お客様にもここに来たら3倍楽しんでもらいたいです」

生活道具や装飾品、本やお菓子が目の届く範囲にある店内は不思議なほど落ち着く。良い意味での〝生活

感〟が気取らない時間を生み出しているようだ。すずきさんに、『喫茶ソスイ』の店づくりについて聞いた。「私は、いろんな方が気軽に来てくれる店にしたかったんです。一人でコーヒーを飲みに来るおじいさん、お喋りに花を咲かせる若い人のグループやおばさまたちも大歓迎です。喫茶店は、街の人がサンダルでふらっと出かけて、お茶を飲んでリラックスしたり、本を読んだりする場所。だから、近所にそういう店がない場所にこそ必要だと思っていました。ご近所さんに『とうとうこの街にも喫茶店ができたのね』って言われると、とても嬉しいです」

少しでも誰かに貢献しているという感覚は、店を続けるうえで大きなモチベーションになる。そして、すずきさんがつくる料理も、お客様が店に足を運ぶ理由の一つだ。

「キッチンもサービスも私一人なので、お客様をあまりお待たせしないカレーやサンドウィッチは定番です。以前、働いていた大阪のカフェも女性一人で切り盛りしている店だったので、メニューづくりを始め、そのときの経験がいろいろ活きていますね。スパイスからつくるカレーは、当時教えてもらったレシピを基にアレンジしてつくっています」

トマトベースのカレーは、ヨーグルトをもみ込んだ柔らかな鶏肉と8種のスパイス、たっぷりの生姜が効いた本格派。食欲がないときでも食べられそうなすっきりした味は、今では遠方から食べに来るお客様がいるほどの人気メニューになった。「メニュー数が少なくても『喫茶ソスイのあれを食べに行こう!』と思ってもらいたかった」というすずきさんにとっても自慢の一品だ。大好きな料理をつくり、日々、人との出会いが生まれる喫茶店店主になった心境

はどうだろう？

「店主としては、臨機応変に、柔軟にやっていこうと思っています。もちろん、仕事ですから気合いを入れてやらなきゃダメ。でも、『夢が叶いましたね』と言われると、それは少し違うので困っちゃうんです。私は、今できることと、ちょっと先のことを考えて、自分がご機嫌に過ごせることをやっているだけだと思っていますから（笑）」

　さらりと言うすずきさんには、ご機嫌という言葉がよく似合う。かつて、さまざまな土地や環境に身をおく中で、毎日を気持ちよく過ごす方法を自然と身につけていたとしたら、それはもう立派なコミュニケーション力だと思う。

「今、とても生きやすいなぁと感じるんです。地元の店や友達がつくるものが面白いし、休日に常連さんとすれ違ってあいさつを交わしたり、生活の中の何気ないことがしっくりくる。どこに行かなくても、この街で豊かに暮らしていくことができると思えるようになりました。ソスイでも、そんな豊かな気持ちになれる出会いがあるといいなと思います」

　店名の由来は、京都で眺めた美しい桜が咲く「疏水」から。すずきさんは「この店の近くにも似た景色がある」のだと楽しげに教えてくれた。流れる水の景色に惹かれて名づけた『喫茶ソスイ』は、いつしか生まれ育った街の憩いの場所として、日々の役割を担うようになった。

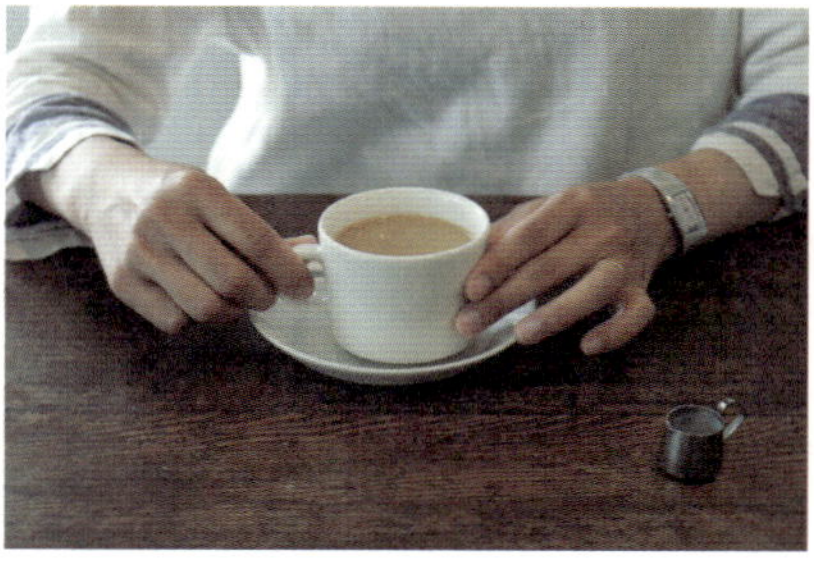

## お気に入りの道具＆インテリア

1

### 窓（建具）

同居する『古道具ピーナッツ軒』しのちゃんが建具を替えてくれた窓は、デザインが気に入っている。3時頃になると小学生が下校する様子が見える。

2

### トイレのドア＆タイル

なぜか「消毒室・電話室」と書かれているレトロなドアは、1950年代のもの。大きさの違う青いタイルを敷き詰めた感じがかわいい。お客様にも好評。

3

### コーヒー道具いろいろ

ドリッパーは、おいしく淹れられる円すい型のものを愛用している。コーヒーミルはシルバー。キッチン周りはあまり色を使わずシンプルにまとめた。

4

### ケーキドーム

もともとは大きな瓶のフタだったのでは？という、持ち手つきのガラスをアルミのトレーと合わせたら、良い感じのケーキドームになった。

5

## クッキージャーの置き台

昔は電話が置かれていたと思われる台。手前の取っ手はたぶん受話器をのせる部分？古道具ならではの重厚感と、ミルキーな色も気に入っている。

6

## イッタラの食器

以前からイッタラの食器が好きで、10年くらいずっと使い続けている。シンプルで丈夫なので、大きさや形違いで少しずつ買いそろえている。

7

## 芦田尚美さんの食器

京都に住む友人がつくる器。山のモチーフやシロクマの箸置きなど、ちょっとした遊び心が楽しい。和洋食なんにでも合うので使いやすい。

8

## お会計トレー

京都の蚤の市で購入したおにぎり型のトレー。養護学校の生徒さんが粘土でつくった米粒を、先生がまとめて、おにぎり型にして焼いた陶器。

# 喫茶ソスイ

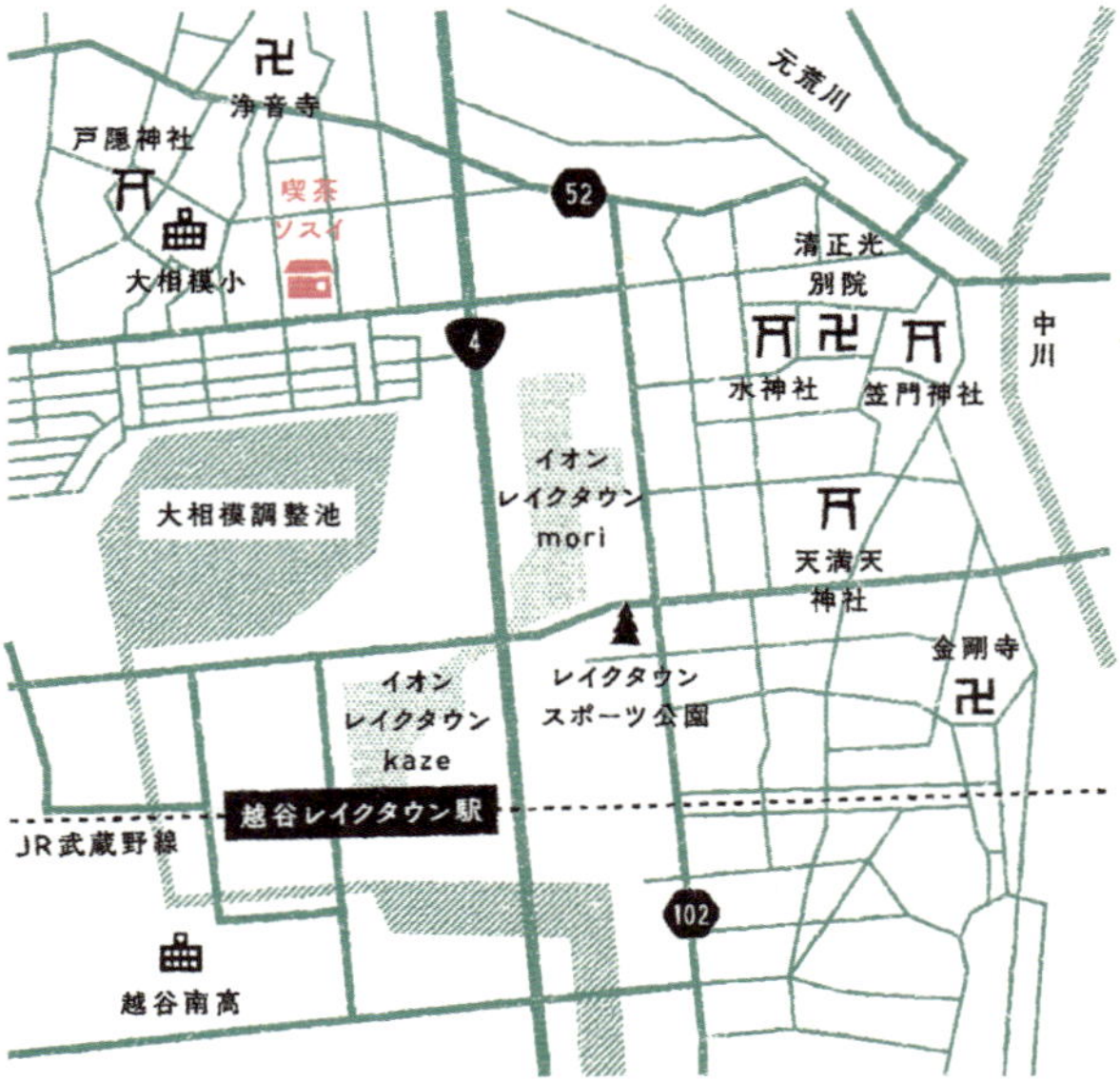


## お店のプロフィール

オーナー　すずききみこさん
　1981年6月23日生まれ
住所　埼玉県越谷市大成町
　6・344
最寄駅　越谷レイクタウン駅
電話　090・6528・5025
HP　http://kissa-sosui.com/
営業時間　11時～19時
定休日　木曜、第1第3水曜
店舗面積　60㎡
オープン日　2014年10月20日

## 店舗オープンまでのスケジュール

2014年5月　開業を決意
　開業準備を始める
　物件探し
2014年7月　不動産契約
　内外装工事
2014年8月　仕入先の確保
2014年9月　厨房機器・什器の調達
2014年10月　お店をオープン
※2015年9月『オタマヂャクシ工房』移転により、越谷星草荘は『喫茶ソスイ』『古道具ピーナッツ軒』の2店舗体制で営業。

## 開業のための資金

開業資金　総額140万円
〈内訳〉
店舗取得費　10万円
内外装費　70万円
厨房機器費　30万円
什器・備品費　20万円
広告宣伝費　5万円
その他　5万円
〈資金の調達方法〉
自己資金　140万円

「何屋さんですか？」と、
質問されるのは、
ちょっと変わった
移動する花屋だから。
小屋の中に色とりどりの
花をのせて東奔西走。
たくさんの人と花の
出会いを演出して、
喜んでもらうのが仕事です。

5

REGULUS

石川伸幸さん

## 人と違うことがやりたい

山梨県北杜市。石畳が続く「八ヶ岳フラワーマルシェ」会場に、かわいい小屋から次々と鉢植えが運び出される。アロマティカス、カーペットカスミ草、ロータスコットンキャンディー……。耳慣れない名前も多い花々は30〜40種類。什器には、ぶどうの収穫時に使われるカゴなどを利用している。それぞれの色や形、背丈を考えながら念入りに売場をつくるのは石川伸幸さん。軽トラックに小屋を積んだREGULUS《レグルス》号で、街中や各地のイベントに出向く移動式花屋の店主だ。今日はマルシェの雰囲気に合わせた蝶ネクタイ姿で売り場に立つ。「これは何科の花？手入れは簡単？」。強い日差しの下、お客様の質問に気さくに応じて、丁寧に説明する石川さんの額には汗がにじんでいる。

**“めずらしい花屋さん”じゃダメ。**
**中身が充実してこそ仕事になる。**

「昔から人と違うことがやりたかったんです。もともと手でなにかをつくることが好きだったし、手に職をつけたかった。高校の卒業を控えて母と進路の話をしながらいくつか職業を挙げていく中で、花屋さんっていうのがあって、それいいね！って、そんなノリで花の勉強を始めました。僕の周りで花屋になる友達なんていませんでしたからね（笑）」

進路を即決した石川さんは東京・渋谷にある花の専門学校を見つけ、生まれ育った甲府を後にした。

「勉強するうちに花は人間と同じ生きものだと分かって面白くなりました。同じ生産者が育てても鉢植えも切り花も一本一本、色形が違います。それが最大の魅力だし、そこから生まれるデザインは無限大ですから」

専門学校では花の知識、花束やアレンジメントのつくり方、開業まで

のノウハウを総合的に学んだ。一方で、花屋でのアルバイトをしながらフラワー装飾技能士の資格を取得し、卒業後はそのまま就職。修行は4店舗、計13年以上続いた。

「フラワーデザイナーのいるお店で修業中、アレンジメントをつくったら、先輩から『この花は何でここにあるの?』と聞かれて、僕はなにも答えられませんでした。『すべての花には意味があって、それを理解してこそのデザイン。脈をしていないものはないんだよ』と指摘されました。今だから分かりますが、それは花に限った話じゃない。一つひとつのことには必ず意味があって、そこから繋がる結論があると教えられたんです」

石川さんは「修業時代の教訓は確実に生きている」と言う。花の向きや並び、値札や什器の位置も、数センチ違えば見え方が変わる。その場の雰囲気も含めてすべてを理解し、花の美しさをより際立たせてこそプロの仕事といえる。

「30歳になる頃、自分の店をもつことを考え始めました。でも具体的な店のイメージが浮かばなくて、しばらくは行動に移せませんでした。そんなとき、知人が車に小屋をのせた販売方法があることを教えてくれたんです。調べると、京都の会社が小屋を造っていることが分かって『これだ!』と思いました。花を積んでいろんな場所に行って、たくさんの人に会えたら楽しいだろうなと。すぐに電話して『小屋がほしいんです、いくらですか?』って聞きました」

費用は想定の範囲内、車道を走るための特別な許可は不要。石川さんは迷うことなくオーダーし、待つこと半年。ヨーロッパの古い町並みを思わせる外観と、2畳ほどの広さの小屋が完成した。「対面したときは、自分の店だ!って、嬉しかった」と石川さん。店名に自分の星座でもある獅子座の一等星、『REGULUS』と名づけ、2014年、33歳で独立した。

## 好きな仕事だから ノーストレス

移動販売でもっとも大切なのは、

どこで販売するか？ということだ。
「まず思いついたのはケーキ屋さんの店先でした。お祝いごとでケーキを買いに来る方がいるだろうし、隣に花屋があったら「じゃあ花も」って喜んでもらえそうだと思ったからです。さっそく目当ての店に行って『こちらで移動花屋をやりたいんです。僕の店を見ていただけませんか？』とお願いして、実際にREGULUS号を見てもらったら、二つ返事でOK。『うちにマイナスになることが一つもないから』と言ってもらいました」

石川さんは出店場所に〝個人店〟を選んで声をかけている。

「大型店はたくさん商品があるので客層もさまざま。それに、担当者と話をするまでに時間がかかって、自分がやりたいことや『REGULUS』のイメージを伝えにくい。逆に、客層が合っている個人店の敷地ならオーナーさんの許可さえあれば営業でき

ます。花屋って店先が華やかになるから、案外喜んでもらえるんです」

　たしかに敷地を貸借するなら互いの店を十分理解し、双方にメリットがあることが必要条件。目を引く『REGULUS』の出店は、貸主にとってもプラスになるはずだ。

「宣伝しなくても『面白いことやってるね』と興味をもってもらえるのはREGULUS号のおかげです。道路を走っていると『走る小屋を発見！調べたらお花屋さんでした』って、写真をブログに上げてくれる人もいます。だからこそ中身も充実していないといけない。他店にはない花をそろえて、ディスプレイでも、お客様に喜んでいただけるよう心がけています。そうじゃないと『変わった花屋さんだね』で終わってしまうし、仕事として成立しませんから」

　店構えで注目を集めても、石川さんはそれに頼らず、花のプロとしての技量と心得に一切妥協はしない。その姿勢が、開業以来お客様の信頼を得ている。

　移動販売が軌道にのった2015年、石川さんは雑貨店の一角を借りて、『REGULUS』の実店舗を構えた。

「移動販売は天気に左右されるのと、傷みやすい切花を扱うのが難しい。そういうデメリットを、店舗ならカバーできるんです。でも、僕は店の中にいるより外へ出るのが好きなので、ほぼ毎週イベントに出店しています。その間、実店舗の方は雑貨屋のスタッフが対応してくれています。

山梨は朝市やマルシェが多いところなんですよ。夏は日焼けして真っ黒、冬は手がかじかんで動かなくなりますけど、いろんな人に出会えるのが楽しい。呼ばれたら全国どこへでも行きたいです（笑）」

満面の笑みで「虚弱な人にはすすめられませんけど」と話す石川さんの頬のあたりは、すでに赤く焼け始めている。花屋の仕事は辛いと聞くが、そんな様子はまるで感じられない。

「若いときは辛いこともあったけど、花屋なら当然のことです。水が冷たいのが嫌だったら花屋を選ばなきゃいい。暑い寒いが嫌だったら動かないで店の中にいればいい。僕はREGULUSを始めてからはノーストレスです。自ら好きなことを始めて〝辛い〟と弱音を吐いたり、ストレスを感じるのは違うんじゃないかなと思います」

まさに初志貫徹。そして今後は、花を中心にした企画にも取り組みたいと教えてくれた。

「たとえば、花と歌のパフォーマンス。一曲歌っている間に花束ができるとかね。ゆくゆくはお客様が喜んでくれる、ハッピーになれるイベントを自分で企画したいんです。僕はハッピーという言葉が好きで、『Are you happy?』って聞かれたら、いつでも『I'm very happy!』って答えられます。お客様に楽しいと思ってもらうには、自分自身が常に楽しくありたいですから（笑）」

## REGULUSの1日

〈10時～16時のイベント〉

6:30
起床。

7:00
REGULUS号で出発。

8:50
イベント会場に到着。

9:00
搬入開始。花、什器などを車から降ろしてディスプレイ。

10:00
イベント開始。接客、販売、花の手入れ（水遣り、花がら摘み）。

16:00
イベント終了。売り場を片づけ、搬出準備をする。

17:30

他の出店者とコミュニケーションをとった後、実店舗へ。

19:00

店舗到着。閉店まで通常営業。

20:00

店舗閉店、帰宅。

21:00

明日の準備（花の補充）、フェイスブックを更新、その他事務仕事など。

1:00

就寝。

〈その他〉

水曜日＝切花の仕入れ／木曜日＝鉢物の仕入れ／大きなイベント前は、山梨と東京の市場（世田谷・青梅の仲卸）にも仕入れに行く

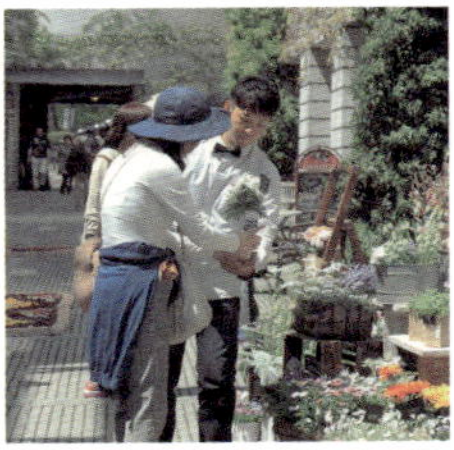

# REGULUS

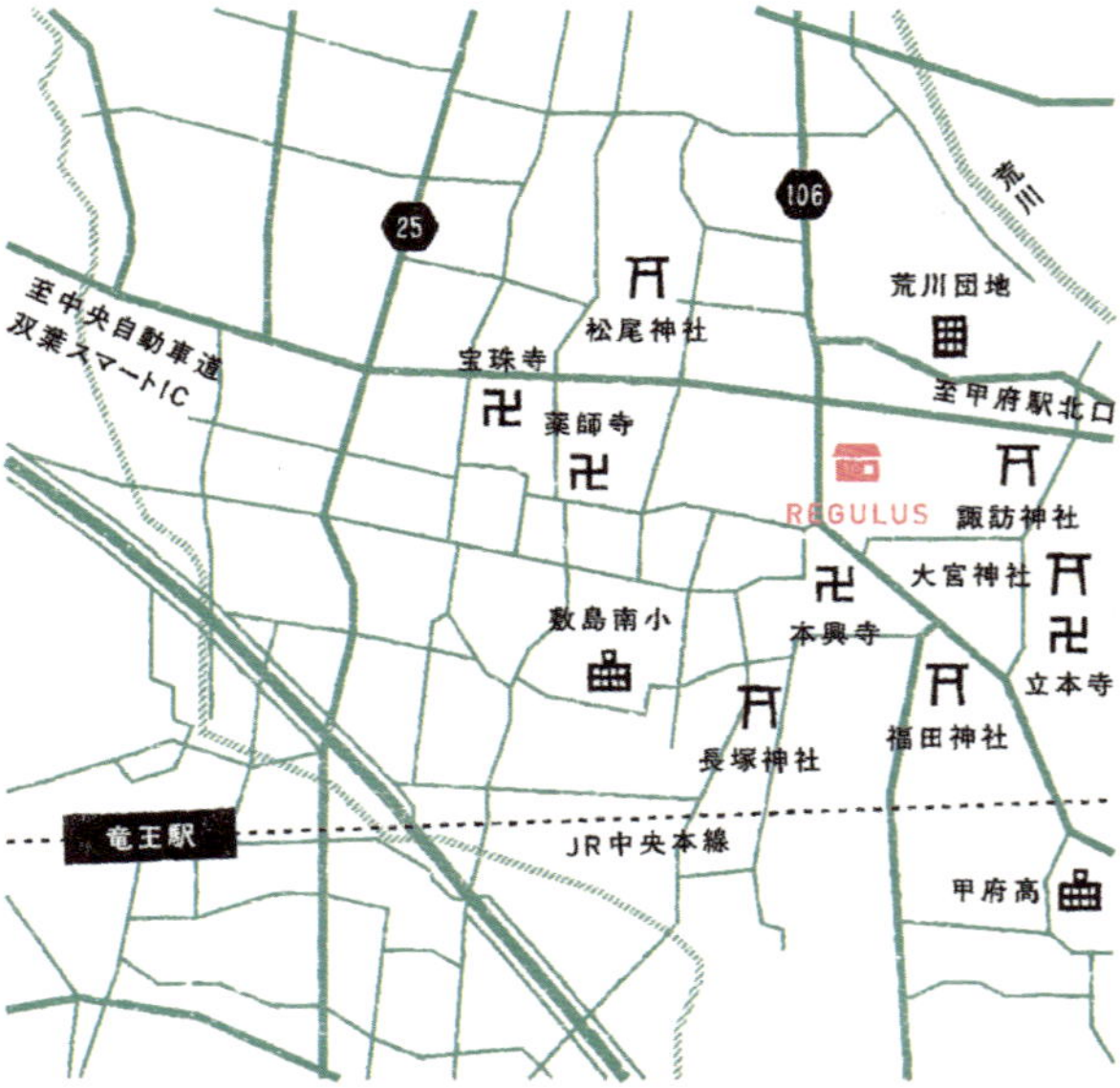


## お店のプロフィール

オーナー　石川伸幸さん（いしかわのぶゆき）1979年8月22日生まれ

住所　実店舗＝山梨県甲斐市長塚164・5

最寄駅　竜王駅

電話　055・277・8288

FB　www.facebook.com/ReguIusFloristToMove

営業時間　3〜9月＝11時〜20時　10〜2月＝10時〜19時（REGULUS号はイベントにより異なる）

定休日　水曜

店舗面積　REGULUS号＝18㎡（周辺の販売スペース含む）　実店舗＝16㎡

オープン日　REGULUS号＝2013年5月2日　実店舗＝2015年1月31日

## 店舗オープンまでのスケジュール

2012年2月　開業を決意　開業準備を始める

2012年12月　資金調達　REGULUS号の発注

2013年4月　什器の調達　仕入先の確保　DM制作

2013年5月　SNS開設　お店をオープン

## 開業のための資金

開業資金　総額350万円

〈内訳〉

REGULUS号　200万円

什器・備品費　50万円

広告宣伝費　2万円

仕入れ費　20万円

運転資金　78万円

〈資金の調達方法〉

借り入れ　350万円（地方銀行）

※撮影協力＝星野リゾート リゾナーレ八ヶ岳

「私の仕事は御菓子屋です」と、
自信をもって言える
ようになったのは、
街の人と家族のおかげ。
だから、今日も明日も、
これからずっと、
芳ばしい粉の風味を大切に、
食べる人を笑顔にする、
そんなお菓子を焼き続けます。

感謝の気持ちを忘れない！

6

# 御菓子屋コナトタワムレル

亀田綾さん

RUMFORD
BAKING POWDER
Pâtisserie

## おいしいものは世界の人に通じる

亀田綾さんが営む『御菓子屋コナトタワムレル』は、宇都宮市内の住宅街にある。店の近くには、ツツジや桜など季節の花々が咲き、動物舎や遊具を備えた八幡山公園があり、休日には、公園で過ごした家族が御菓子を買い求めにやって来る。「駅から離れているけど、緑もあるし暮らすには良い所」と亀田さんが言うとおり、周囲は閑静で、とくに目を引く建物はない。店は町並みに馴染むオフホワイトの平屋で、店前のプランターにはビオラの花が控えめに咲いている。扉を開けると、ねこ、りす、とり……愛らしい型抜きクッキーや季節のマフィンなど15種類ほどのお菓子が並んでいる。今どき手がかかる型抜きクッキーを販売する店はめずらしいかもしれない。○や□なら成形も容易く、効率よく天板に並べて焼けるからだ。しかし、そこは亀田さんのこだわり。

「お客様には、なるべく身体にやさしい安全な材料を使った御菓子を、楽しい気持ちで食べてほしい。少し手がかかっても、自信をもって『召し上がってください』と言えるものをつくりたいんです」

御菓子に込める想いは、OL時代のほろ苦い経験から生まれた。

亀田さんは体育大学を卒業後、外資系製薬会社の営業として働いていたが、あるとき扱っていた薬がリコール商品になってしまったのだ。

「ショックと同時に、知らないところで誰かがつくったものを『良い商品ですよ』と、お客様にすすめることに初めて疑問を抱きました」

自分が責任をもって一生できる仕事はなんだろう？ 自問自答する中で亀田さんはある答えを出した。

自分の手でつくった味を、
胸をはって売る、小さな店をやりたい。

「思いきって会社を辞めてオーストラリアに行くことにしました。海外で自分を鍛えたかったし、半年間、自分の好きなようにやってみようと思ったんです。でも英語は全然しゃべれなかった。無謀ですよね（笑）」

もともと体育会系の亀田さん。こうと思ったら猪突猛進の勢いだった。そして渡豪から1ヶ月後、ブリスベンのレストランに「働かせてください！」と飛び込み、焼肉店でアルバイトを始めた。そこで亀田さんは、人生の転機となる体験をする。

「厨房で料理をつくる人の姿を見て、その料理を食べたお客様が笑顔で『おいしい』と言ってくれるのが嬉しくて、仕事が楽しくて仕方なかったんです。誰かを笑顔にできる飲食業ってすごい、おいしいものは世界中の人に通じるんだと思いました。だから私も、いつか〝自分でつくったものを自分で売る店〟をやりたいと思うようになったんです」

夢を見つけて帰国したのは25歳のとき。まもなく亀田さんは『フレンチベジタリアン アンリロ』で働きながら、洋菓子づくりを学び始めた。

「いちごタルトが衝撃的においしくて（笑）。生地を食べて、初めて粉の味がするって思ったんです」

以前からお菓子づくりが好きだった亀田さんの声が弾む。しかし働くとなると辛いこともあったはず。

「忙しい店だったので大変でした。でも『基本を覚えた後は自由にお菓子を試作して、おいしかったら店で売ってもいいよ』と言ってもらって、空いている時間は厨房を自由に使わせてくれたんです。だから仕事が辛いというより、育ててくださったことに感謝しています。自分でつくったスコーンが初めて店に並んで、お客様に買っていただけたときは感激しました」

〝自分の手でつくった味〟を、胸をはって仕事にできる。それはなににも代え難い喜びだった。

「オーナーからは『自分の店名を考えて、イベントでお菓子を販売してみたら？』と声をかけてもらいました。でも、店名なんて考えつかなくて。粉とたわむれてつくっている、みたいな、気合いの入り過ぎないゆる～い名前がいいんです、と話していたら、いつのまにか『コナトタワムレル』という店名が応募用紙に書いてあったんです（笑）」

粉のおいしさに惹かれて出会った恩人は「これからも粉とたわむれながら頑張れ！」というエールを込めた屋号を授けてくれた。

## 店を続けることが恩返しです

2年半の修行のあと、亀田さんは

4月の予定

独立し、結婚を機に自宅横に工房を設けて菓子製造業の許可を得た。拠点をもつと、イベント出店やお菓子教室、通販、カフェの立ち上げに携わるなど、活動の幅が一気に広がった。さらに手づくりのレシピ集をインターネットで販売。好評だった。

「いろんなことに挑戦した結果、遠方のお客様とも出会えて、常連さんも増えました。そのうち『お店を開いてほしい』という要望をいただくようになったんです。気づけばお菓子の仕事を始めて7年。そういうタイミングなのかなと思って『よし!』って一念発起。店をもつことにしました」

地道な努力は、実店舗への土台をつくっていた。とはいえ、店を始めるには物件と開店費用が必要だ。オープンまでの苦労を尋ねると「家族のおかげです」と謙虚に笑う。

「お店は主人の実家がもっていた古い平屋を改装しました。力仕事はお父さんと主人のパワー頼りで私はペンキ塗り(笑)。作業中は、お母さんが息子の面倒をみてくれました」

一家総出で約2ヶ月。使えるものは無駄なく使って、かかった費用は少々。ボロボロだった昭和の建物は、レトロな模様ガラスを残したまま、三間続きの御菓子屋さんに生まれ変わった。店内には来店した子どもが遊ぶための絵本やパズル、閉園した幼稚園からもらってきたという、古びた小さな椅子もある。

「私がつくるのは毎日のおやつになる地味なお菓子。だから、お客様を迎える場所は、お菓子に合う懐かしくて温かい雰囲気にしたかったんです。厨房の壁には自分が好きなミントグリーンを塗って気持ちよく作業できるようにしました」

興味深いのは、店の一角に雑貨屋が同居していることだ。

「将来独立したいという方に貸しているんです。私も以前『ここで良かったら』と言ってくださったお店の一角を借りて販売していました。そうやって街の方々にとてもお世話になったので、今度は自分が誰かの力になりたいと思ったんです。幸い客層も似ているしお互いさまです」

　言われてみれば、お菓子と雑貨、どちらも女性や子どもが好きそうだ。唯一の不安といえば、駅から離れた住宅地での開業ということ？

「まったく不安はなかったです。開店当初から、従来のお客様や、ご近所さんが気軽に寄ってくれればいいかなぁと思っていましたから。でも、住宅街にある普段使いの御菓子屋だからこそ、お客様が来たときに『今日はお菓子がない！』っていうことがないように努めています」

　商品棚がさびしくなったら、粉とたわむれ、何度でもお菓子を焼く。お客様の期待を裏切らない心がけが、日々、縁を繋いでいく。

「今後は『店を続けていくこと』が目標です。それが周囲の方への恩返しでもあります。子どもが大きくなったら、海外のお菓子を食べ歩きしてみたいなぁと思いますけど、今は現状維持。開店前から家族に頼りっぱなしですけど、子どもの保育園のお迎えと夕飯づくりは自分でやるって決めているんです（笑）」

　照れ笑いする亀田さんだが、頑張る姿に共感するから家族の協力があり、いざというときの機動力があればこそ、今の『御菓子屋コナトタワムレル』がある。

# 人気のお菓子

## 1 キャラメルりすクッキー
〈220円／2枚入り〉

小さな子どもから年配の方まで、幅広い世代に人気のクッキー。全粒粉のザクザクとした食感と、粉とキャラメルがこげた香ばしさが口の中に広がる。

## 2 プレーンスコーン
〈175円〉

粉本来の味を楽しめる素朴なスコーン。甘味はほとんどなく、ほんのりと塩気をきかせている。軽く温めて、好みのジャムをつけて食べてもおいしい。

## 3 ネコサンドクッキー
〈205円〉

かわいらしいネコのかたちが子どもに大人気。厚めに焼いた2枚のクッキーの間にホワイトチョコレートが挟まっている。見た目もボリュームも大満足のクッキー。

## 4 マフィン
〈260円〉

本日の日替わりマフィン（抹茶ホワイトチョコくるみ／いちご）。どちらも具材がたっぷり入っている。「いちご」は、ひとつのマフィンに、とちおとめ5粒分を使用。春限定商品。

## 5 鳩バナナクッキー

〈205円／2枚入り〉

卵・乳製品不使用のクッキー。食感は硬めだが、「それが病みつきになる」と言われるのだそう。「かなり硬いです。歯の弱い方ご注意を！」と表示されている。

## 6 フロランタン

〈250円〉

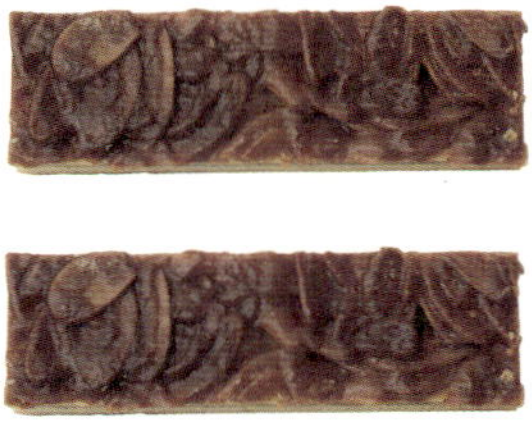

素朴なお菓子が多いコナトタワムレルにはめずらしく、リッチな印象のお菓子。濃厚なアーモンドヌガーと、さくさくとした食感のクッキーが好相性。粉のお店なので、土台部分を厚めにつくっている。

## 7 ロックスコーン

〈195円〉

本日のスコーン（チョコ／レモンクランベリー）。甘味がついているので、そのまま食べてもおいしい。食感は、クッキーとスコーンの中間のような硬さ。

## 8 チョコシナモンのぐるぐるクッキー

〈260円／3個入り〉

卵・乳製品不使用のクッキー。ココアを練り込んだ生地で、シナモンシュガーとチョコチップをぐるぐる巻いてある。ざくざくとした食感と楽しい見た目も好評。

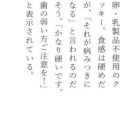

# 御菓子屋コナトタワムレル

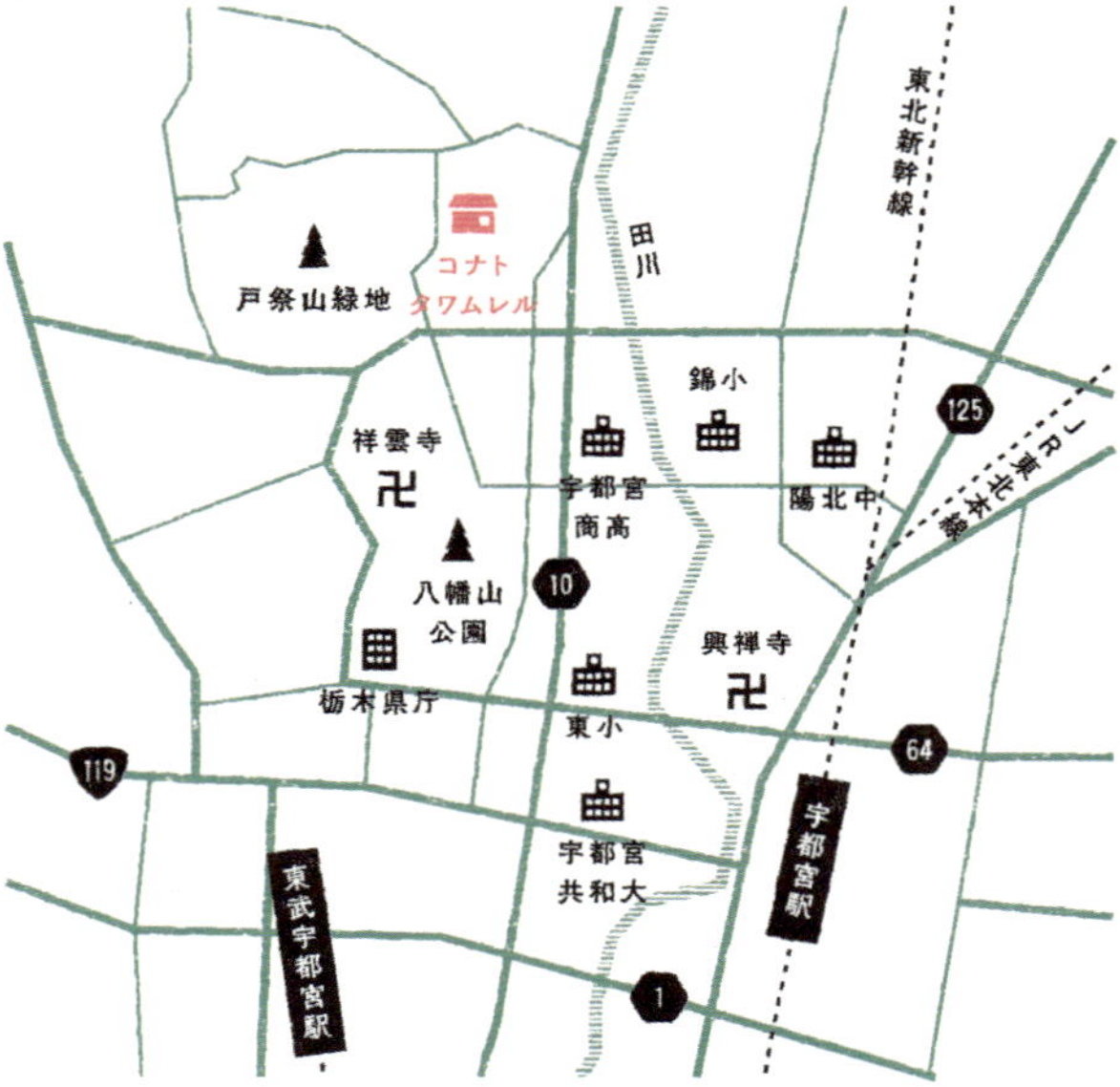


## お店のプロフィール

オーナー　亀田綾さん
（かめだあや）
１９８０年２月２日生まれ
住所　栃木県宇都宮市八幡台
７・23
最寄駅　ＪＲ・東武宇都宮駅
電話　０２８・６２２・０１８１
ＨＰ　http://konatawa.petit.cc/
営業時間　11時〜17時
定休日　日曜、月曜（ＨＰ要確認）
店舗面積　40㎡
オープン日　２０１２年７月14日

## 店舗オープンまでのスケジュール

２０１１年12月　開業を決意
２０１２年１月　開業準備を始める
２０１２年２月　物件探し
２０１２年４月　内外装工事
２０１２年６月　厨房機器・什器の調達
仕入先の確保
ＤＭ制作
試作
ＨＰ開設
２０１２年７月　お店をオープン

## 開業のための資金

開業資金　総額１７６万円
〈内訳〉
内外装費　34万円
厨房機器費　52万円
什器・備品費　40万円
広告宣伝費　5万円
仕入れ費　15万円
運転資金　30万円
〈資金の調達方法〉
自己資金　１７６万円

「天職かもしれへん！」
そう思える仕事に出会い、
奈良の路地裏で、
一軒の店を構える
ことにしました。
想定外のことが起きては
二人で乗り越え、
時間がかかったけど、
でき上がりは想像以上。
一期一会を紡ぐ、
そんな店になりました。

＼上善若水／

7

# 絵本とコーヒーのパビリオン

大西正人さん & 千春さん

意外な出会いに恵まれる店。どこかに
行かなくても毎日が旅のようです。

## 思いがけず始まった「店づくり」

古都、奈良に建ち並ぶ壮麗な東大寺、興福寺、春日大社など数々の世界遺産は深緑に包まれ、四季折々の美しさで訪れる人を楽しませる。その雅な景色にも近い、今辻子町《いまずしちょう》の長い路地を入った先に『絵本とコーヒーのパビリオン』はある。建物は平屋に引き戸の日本家屋だが、赤茶色の外壁と窓の緑のコントラストは異国の風情もある。この店舗をつくり上げたのは店主の大西正人さん。妻の千春さんは、海外の絵本を扱うインターネット古書店『パビリオンブックス』を営みながら正人さんを支えた。「店づくりに3年半もかかるはずじゃなかった」と苦笑いする正人さんは、夫婦二人三脚で歩んだ開店までの道のりを聞かせてくれた。

「15年ほど前、アルバイト先で初めてハンドドリップでコーヒーを淹れることを覚えたんです。そしたら『まともなコーヒー淹れてんねんな、おいしいよ』とお客様が言うてくれはって、これは天職かもしれへん！って勘違いしたのが始まりです（笑）。食べ物の味は全面的にお客様がジャッジするでしょ。そういう潔い仕事が面白そうだと思ったんです」

２００５年、本格的に喫茶店を始めようと決意した正人さんは、物件探しとコーヒーの研究を始めた。当時はコーヒーを学ぶなら専門店で修行するのが王道だったが、正人さんは本で知識を得つつ、夫婦でコーヒーの味めぐりに出かけた。バッハ、堀口珈琲、六曜社地下店……。いつか自家製ケーキをつくるためにフランス菓子の大御所オーヴォンビュータンにも足を運んだという。

「二人で別々のものを注文して味わって『どう？』って聞くと『うん、おいしい』って、この人はなんでもおいしいしか言わんのです」

「基本的においしい店に行ってるんやから、そらおいしいわな（笑）」

　夫婦そろって名店の味を探る2年間の旅は楽しくもあった。しかし一方で、探しあてた店舗用物件に思いもかけない事実が発覚した。

「壁を塗り直して本棚を置けばオープンできると思っていた物件が、想像以上に傷んでいたんです。屋根に上がった大工さんが『揺れてるから、基礎工事からせな』と。もう、自分でやるしかないと思いました」

　物件取得に全資金を投じていた上に、建物に続く路地は狭い私道のため、建築法上、建て替えはできない。

「業者に頼むお金はなかったし、公的資金を借りようなんて発想もなかった。もっとも当時の僕らには、お金を借りる信用もなかったです」

　こうして店づくりを余儀なくされ、まずは建物の構造を勉強しようと図書館通いを始めた正人さんは「工学系の棚に行ったら、壁とか屋根の専門書がいっぱいあった」と嬉しそうに話す。何事も一歩一歩、分からないことを理解してから事を進めるのが、正人さんのやり方なのだ。

　その後は想像以上に気力と体力を尽くし、来る日も来る日もブルーシートに覆われた現場で工具と木材、コンクリートと格闘した。しかし終えてみれば、正人さんは第二種電気工事士の資格までを取得し、自ら電気工事も行ったというから脱帽する。

「きつかったのは体力よりメンタル。いつできるのか、目標が定まらない精神的な辛さは相当こたえました」

　千春さんはどうだったのだろう？

「心身ともに疲れきってる主人に、余計な一言を言って火に油を注いだことは何度かあります。でも一晩寝て起きると『昨日の意見は良いかもしれないな』『そうでしょ！』って。

人間、寝るって大事です（笑）」

２００９年『絵本とコーヒーのパビリオン』開店。言いたいことを言い合いながら、常に傍らで笑むパートナーの存在は、素手で店一軒を造り上げた開拓者にとって、なによりの活力だった。

## トータルで満足してもらえる店

煉瓦敷きの床に北の天窓、小さな吊り照明の下には15ほどの客席がある。すっきりと片づいた小回りのきくキッチンで、正人さんがケトルからゆっくりと湯を落としてコーヒーを淹れてくれた。しっかりした深い味は、時間をかけて熟成を果たした店に相応しいと思う。メニューは飲み物の他、ケーキやスコーン、サンドウィッチにカレーまで、すべて正人さんが吟味した自家製。そして千

春さんの絵本は、まるで店に誂えた絵画のように壁に馴染んでいる。

「それぞれ役割があるので、なにを置くかは互いに任せています。僕はコーヒーで彼女は絵本。トータルでお客様に満足してもらったら、それが一番良いのかなと思います」

千春さんがチェコの古い絵本に惹かれて、ネット古書店『パビリオンブックス』を開業したのは11年前。

「気づいたら海外絵本にのめり込んでいて、ネット古書店を始めたんです。OL時代の貯金をはたいてチェコに買いつけにも行きました。当時は雑貨ブームで、雑貨の買いつけができるんだから絵本もできるだろうって、そんな感じでしたね」

千春さんは簡単に言うが、聞けば言葉もままならない一人旅で、チェコ～ハンガリー～ドイツ～オランダ～ベルギーを周って、絵本100冊を仕入れてきたという。正人さんは「彼女は強烈なマイペース」と言うが、それだけに収まらない勇気と行動力に驚く。

「書店に行って、名刺を渡して何十冊も買って梱包して日本へ送る、その繰り返しでした。仕入れる本の選択は、ほぼ勘です（笑）。大変だったのは郵便局から発送する作業。当時のチェコは、まだそれほど民主的じゃなかったし、サービスに対する意識も薄かったので苦労しました。航空便は高いから船便で送ってと絵に描いて説明しましたけど、本当に届くのかすごく不安でした」

千春さんは、その後も年に一度は海外に買いつけに出かけ、メールでの仕入れも継続して行っている。

「現地で店主さんと直接会ったのが大きかったと思います。『あのときの日本から来た子』と分かっているので、メールで絵本の表紙画像と簡単な解説文を送ってくれるようになったんです。私は辞書片手にざっくり理解して、やりとりしています」

千春さんに、海外での買いつけについてアドバイスをもらった。

「今はインターネットでいくらでも情報収集や交流ができます。現地に行けば日本人が経営する宿もあって以前よりは苦労しないと思いますよ。それだけに買いつけに行く人が増えていて、街によっては商品不足ということもあるので、行くなら小さい街の方が良いかもしれません。でも、あれこれ考えずに、まず行ってみることをおすすめします」

「困ったときは、身振り手振りと『Hello!』『Yes!』『No!』で、なんとか乗りきれるから（笑）」

　自身も大の旅好きで、買いつけにも同行した正人さんが後押しする。

「頭で考えているだけじゃなにも始まらないです。想像もしなかったことが起きたり、いろんな人に出会ったりして、面白いことが生まれると思うんです。うちは店づくりに3年半かかりましたけど、開店後はどんどん楽しくなって、もう十分元はとりました。今は日々、さまざまなことが違って見えるし、どこかに行かなくても、毎日が旅をしているみたいです（笑）」

　ご近所さんはもとより、観光でやって来たお客様は、長い長い路地を入って、店を目指して来てくれる。迎える大西さん夫婦は、遠い国からやって来た絵本と自家焙煎コーヒーでもてなし、今日も一期一会の縁に感謝しながら人生を満喫している。

## おすすめの絵本

1

### こぶたのレーズン〈バーリント・アーグネシュ・作／ブローディ・ベラ・絵／偕成社〉

1950年代、ハンガリーで放映されていたアニメーションの児童書版。国民的キャラクターのこぶたのレーズンが、マノーくんと暮らしながら成長していく物語。

2

### かめまんねん〈ほんまわか・著／文研出版〉

上方落語のようにオチがある絵本。関西弁で書かれている。山ほど仕事を頼まれたカメが「かめへん」と言ってすべて受け入れる……。生きる時間の過ごし方について説いた絵本。

3

### よあけ〈ユリ・シュルヴィッツ・著／福音館書店〉

ポーランド出身、ユリ・シュルヴィッツの絵本。短い文章と墨絵のような絵で静かに進行し、最後に、よあけの鮮やかな景色が広がる。読むたびに違う感覚を得られる。

4

### つみきのいえ〈平田研也・著／加藤久仁生・絵／白泉社〉

水没していく家をどんどん建て増しするおじいさんに、過去の思い出が甦ってくる。読む人によって、いろいろな感じ方ができる。大人にもおすすめの絵本。

## 5 DER BLAUE FUCHS

〈Nils Werner・著／Hans-Dieter Schwarz・絵／Leipzig H.Schulze〉

東ドイツ時代の絵本。狐が藍の樽に落ちてしまって青い狐になる。突然威張りだす狐だが、雨が降ってきて化けの皮がはがれて……。とてもシンプルな民話。

## 6 Max und Moritz

〈Wilhelm Busch・著／Siebert Verlag〉

ドイツの国民的キャラクターが登場する絵本。強烈ないたずらをする二人が、最後は捕まえられて小麦粉になってしまう！ ドイツでは代々読み継がれている教訓的な絵本。

## 7 MY FATHER AND I

〈Adelaide Holl・著／Kjell Ringi・絵／Watts〉

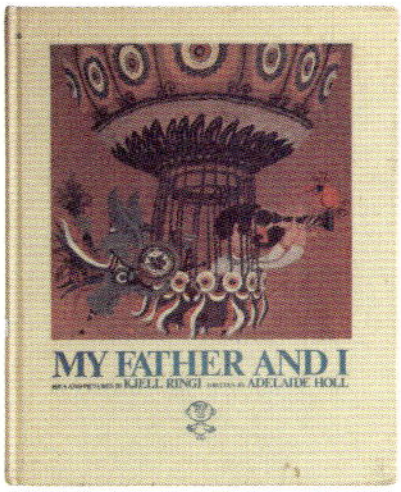


もしお父さんが潜水艦のダイバーだったら？ もし宇宙飛行士だったら？ いろいろ空想するアンディくんの子ども心がかわいらしい、1972年にアメリカで発行された絵本。

## 8 Mathias bager kager

〈Inger & Lasse Sandberg・著／Host & Son〉

スウェーデンのインゲル&ラッセ夫妻の絵本。マシアスくんはお母さんが焼いたパンをつまみ食いするが、次々と言い訳をして……。見開きで完結する親子の会話が面白い。

# 絵本とコーヒーのパビリオン

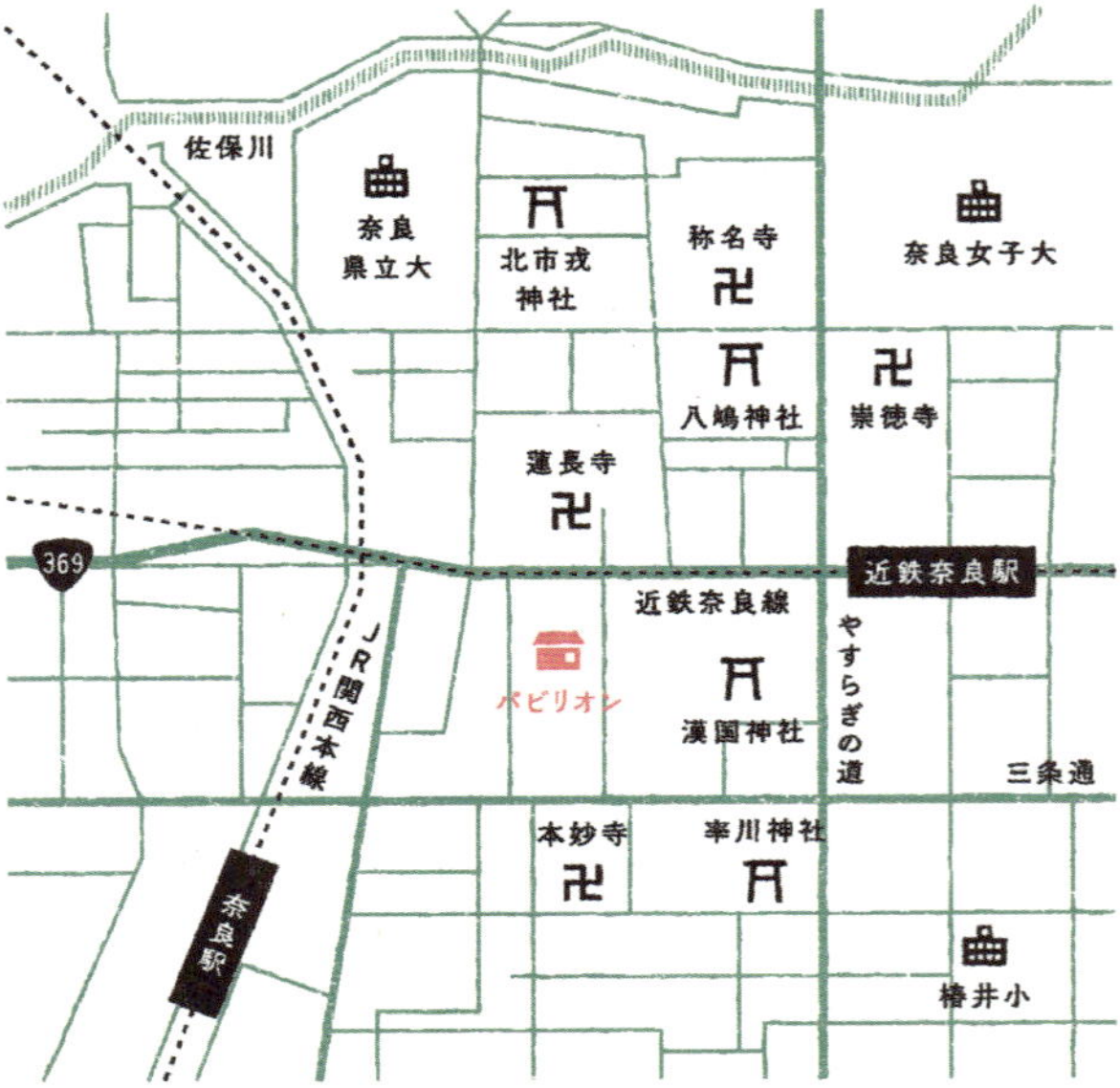


## お店のプロフィール

オーナー　大西正人さん
（おおにしまさと）
1973年生まれ
千春さん
（ちはる）
1973年生まれ

住所　奈良県奈良市今辻子町
32・5

最寄駅　近鉄・JR奈良駅

電話　0742・26・5199

HP　http://pavilion-b.com/

営業時間　12時〜19時

定休日　月曜、火曜、水曜
（祝日は営業）

店舗面積　38㎡

オープン日　2009年11月7日

## 店舗オープンまでのスケジュール

2004年　開業を決意
2005年4月　開業準備を始める
物件探し
2006年　試作／HP開設
2006年4月　内外装工事
2009年　仕入先の確保
2009年8月　厨房機器・什器の調達
2009年10月　DM制作
2009年11月　お店をオープン

## 開業のための資金

開業資金　総額478万円
〈内訳〉
内外装費　250万円
厨房機器費　90万円
什器・備品費　20万円
広告宣伝費　3万円
仕入れ費　100万円
運転資金　15万円
〈資金の調達方法〉
自己資金　478万円

どこにいても、
なにがなくても
二人で鞄づくりが
できれば幸せです。
手縫い鞄をつくるように、
一つひとつの行程を
ゆっくり丁寧に
歩み進めていこう。
そしたらきっと、
みんなに誇れる
人生が送れるはずです。

＼常楽。常に楽しく／

8

# 箱田鞄

箱田友眞《ゆうしん》さん & 香譽《こうよ》さん

## 辛いなんて考えたこともなかった

商業ビルが立ち並ぶ八王子駅からは、何本もの路線バスが走り、多くの乗客を都心のベッドタウンへと運んでいる。住宅街には小中学校や公共施設、緑地、小さな寺や神社が点在し、ここが暮らすために整備された地所だと分かる。その中に、古い木造一軒家の『箱田鞄』はひっそりと佇んでいる。

箱田友眞さんが工房を立ち上げて13年。その間、妻の香響さんと二人で、東京（杉並）、山梨、広島、東京（八王子）と、拠点を移しながら鞄をつくり続けてきた。

「最初はオーダーメイドの鞄屋で働いておったんです。でも、早くきれいに、たくさんつくる商売に慣れなかった。どうしても手縫いにこだわった自分の鞄づくりがしたくて20代半ばで工房を借りて独立しました」

家賃を払い、材料費を確保するために、友眞さんは早朝の築地市場で、香響さんは鞄メーカーで働き、夜中に鞄づくりに励んだこともある。しかし、つくった鞄はクラフトフェア

爺ちゃん婆ちゃんになるまで、ずっと二人で美しい鞄をつくり続けたい。

に出す程度。「我慢の時期だったんですね？」と訊くと「いやー毎日楽しかったです。辛いなんて考えたこともなかったね」と、夫婦そろってカラッと笑う。

「それから4年ほどして、私は山梨の山奥にある寺へ修行に入りました。もともと仏教に興味があったので」

友眞さんは、少年のように目を輝かせ、「修行中は、馬小屋を改装した工房で鞄づくりを続けていたんですよ」と、香譽さんも当然のように言

う。突拍子もないことに思えても、こちらが「なぜ?」と尋ねるのを戸惑うほど、二人は明るく話す。

「寺では自給自足に近い生活で『衣食住』生きるために必要な作業を経験させてもらって、人として多くを学びました。鞄は、この頃から雑貨屋に卸し始めたんだっけね?」

いたってマイペースな職人夫婦は、3年後、僧侶となって次なる拠点、友眞さんの故郷である広島に移り住んだ。目的は「自分たちの手で人が集まる場所をつくること」だった。

「精進スイーツと菜食の店『常楽茶房《じょうらくさぼう》』を経営しながら、オーダーで鞄をつくって、夜は鞄教室を始めました。目が回るほど忙しくて全然休めなかったです、はっはっは……」

友眞さんが高笑いし、香響さんも「あのときは寝てなかったよね」と笑顔でつけ足す。

「店は駅前にあったので、雑誌に取り上げられたりして、お客様も多かったんです。だけど自分たちは回転率を上げるより居心地の良い店を目指していたし、鞄づくりだけでなく食材選びやメニューにもこだわっていたので、いくら働いても毎月トントン。結局、身体を壊して2年足らずで閉店せざるを得なくなりました」

一等地の店なら集客力はあるが、個に対応するには限界がある。広島での経験は「自分たちらしい店づくり」を考える契機になった。そして箱田さん夫婦は、2011年、八王子の静かな住宅街に工房を移した。

「人通りの多い場所で、接客に追われながら鞄づくりをするのは無理だと思ったんです。ここは不便な場所ですけど、来ていただいたお客様とお茶を飲みながらゆっくり鞄の話ができます。それがなにより自分たちの鞄づくりに合っていると思います」

思いたったら即行動する友眞さんと、見守り続ける香響さん。鞄職人としては、決して器用な歩みではなかったかもしれないが、夫婦で蓄積した経験は、『箱田鞄』としてのあり方を確認する糧になった。

## 100年使える美しい鞄づくり

「お店を始めるときは、ご近所さんと、その土地の鎮守さんにごあいさつに行くと良いですよ。『この場所で仕事を始めさせてもらいます』とご報告すると良い流れができます」

革の芳香が漂い、色とりどりのミシン糸が並ぶ工房で、友眞さんは僧侶らしく滑らかな口調でアドバイスしてくれた。鞄職人としての仕事も「ぼちぼち順調」だという。

「実は、こちらに来てから、たまたまうちの商品を見たデパートの方が声をかけてくださったんです。突然のことだったのでビックリしました」

小さな工房の丁寧な仕事は、大手デパート伊勢丹のバイヤーの目にとまったのだ。まずは話を……と慣れない商談の席に着いた箱田夫婦に、驚くような提案がされた。

「うちのデパートの財布売り場で、春と秋に『箱田鞄フェア』をやりませんか？売上目標は1週間で100万円です」

「いやいや、うちでは無理です！」

聞いてすぐに恐縮した箱田さん。しかし「大丈夫です。きっと売れます」という担当者の熱意に応えるかたちで、半信半疑で仕事を引き受けることになった。

「今まで私たちは一人のお客様のために一つの鞄をつくっていたようなものなので、大口の仕事は不安だらけでした。納得のいく商品をつくって、数をそろえて期限までに納品できるのかしら？って」

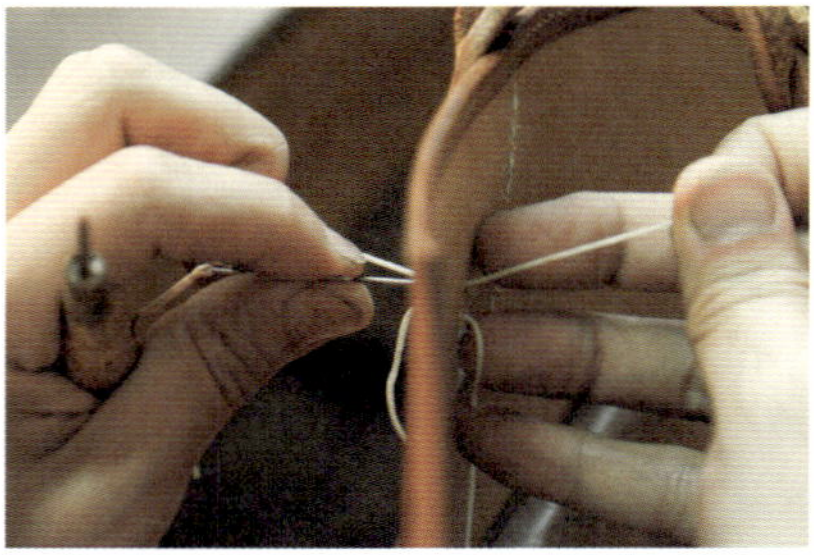

香譽さんの言うとおり、クラフトフェアへの出店や個別のオーダーに応えるのとはスケールが違う。革の裁断から縫製まで、二人でつくり上げてきた箱田鞄工房の仕事の質を保てるだろうか？
「まずは商品の色形、価格など、担当の方と相談して、デパートの客層に合わせたラインナップを決めました。それに、デパートは『品切れです』とは言いにくい売り場。一つでも多く在庫をつくりたかったので、フェアの2〜3ヶ月前から、寝食以外の時間は、工房にこもってひたすら財布や小物をつくり続けました」
つくるだけでも重労働だが、販売期間は、フェアの顔である箱田夫婦もデパートの売り場に立たなければならない。さぞ気苦労が多かったのではと思ったが「これがなかなか楽しかったです（笑）」と友眞さん。
「お客様に直接会って革の魅力を伝

えられる貴重な時間でした。自分が使っている財布を見せて「使い込むと色がこんなふうに変化しますよ」と説明すると興味をもってくださって嬉しかったですね。お客様には、なるべく楽しい時間を過ごしていただきたかったので、売るためというより、お話しするという感覚で接しました」

各地を移動しながら培った、夫婦の人間力を存分に活かしたというところだろうか。当初の目標額を無事に達成して、1週間の箱田鞄フェアは好評のうちに終了。その後も年2回のペースで継続している。

大きな仕事をクリアして新たな一歩を踏み出した箱田さんに、これからつくりたいものはなんですか？と尋ねた。

「定番商品を増やして、それを基に、お客様の要望によって素材や金具、ステッチを変えたセミオーダー品を

お受けできるようにしたいと思っています。鞄職人ですから、やっぱり100年使えるような美しい鞄をつくり続けたい。そして二人で長生きして、ずっとメンテナンスできる工房でありたいですね。良いものをつくろうと思えば時間もかかるし、それなりの価格になるので大量に売ろうとは思いません。私たちには、メーカーさんとは違う役割があると思っているので、少ししか売れなくてもそれはそれで良い。それが鞄職人としての自分たちの信念です。小さな工房ですし、たくさん注文がきても困ってしまいますからね（笑）」

仕事が軌道に乗り、手が足りなければ人を雇うという方法もある。しかし、どんな優秀な助っ人も、長年寄り添い歩んできた夫婦の「あ・うん」の呼吸には敵わない。

## こだわりの道具

1

### ミシン

鞄づくりの必需品。鞄職人になったときに、いつか自分のミシンがほしいと思っていた。アトリエでミシンを使うのは、主に香譽さん。革だけでなく帆布でつくる布バッグも人気。

2

### 漉《す》き機

漉き機は革の厚みを調整する機械。こちらも鞄づくりには欠かせない道具の一つ。つくるものや使う部位によって、微妙な厚さで均一に革を漉くのも職人ならではの技。

3

### 作業机＋ビニ板

大きな革が広げられるサイズ（90×180㎝）と、しっかり裁断できる頑丈なつくりの作業机は、友人の手づくり。職人として独立するときに贈ってもらったもの。

4

### 革包丁

革を裁断するための専用の包丁。厚さも硬さも異なる革を、さまざまな形に裁断するために数種類を使い分けている。一気に裁断したり、貼り合わせる部分を漉くこともできる。

5

## ネジ捻《ねん》

左右の長さが異なる刃を使って、縫い線の跡をつけるための道具。革鞄にとっては縫い目もデザインの一つ。美しいラインを描くためには欠かせない。

6

## 菱目《ひしめ》打ち

ネジ捻（5）で線を引いた上に、菱目打ちをあてて針穴をつくる。縫い目の大きさや直線、曲線に合うように7種類ほどを使い分けている。

7

## 菱《ひし》ギリ

縫い穴を完全に開けるための道具。菱目打ち（6）で針穴を開けた後、菱ギリを使って穴を貫通させる。刺さりやすくするために、先端を研いでから使っている。

8

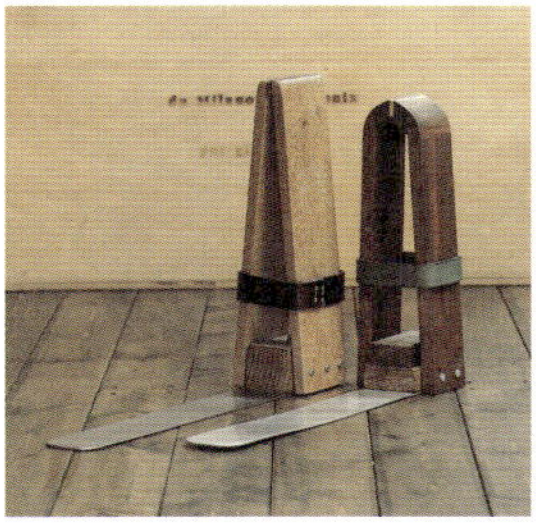

## レーシングポニー

合わせた木の間に革を挟んで固定する道具。両手を使う手縫いには欠かせない。箱田鞄では、市販品ではなく、友眞さんお手製のものを使用している。

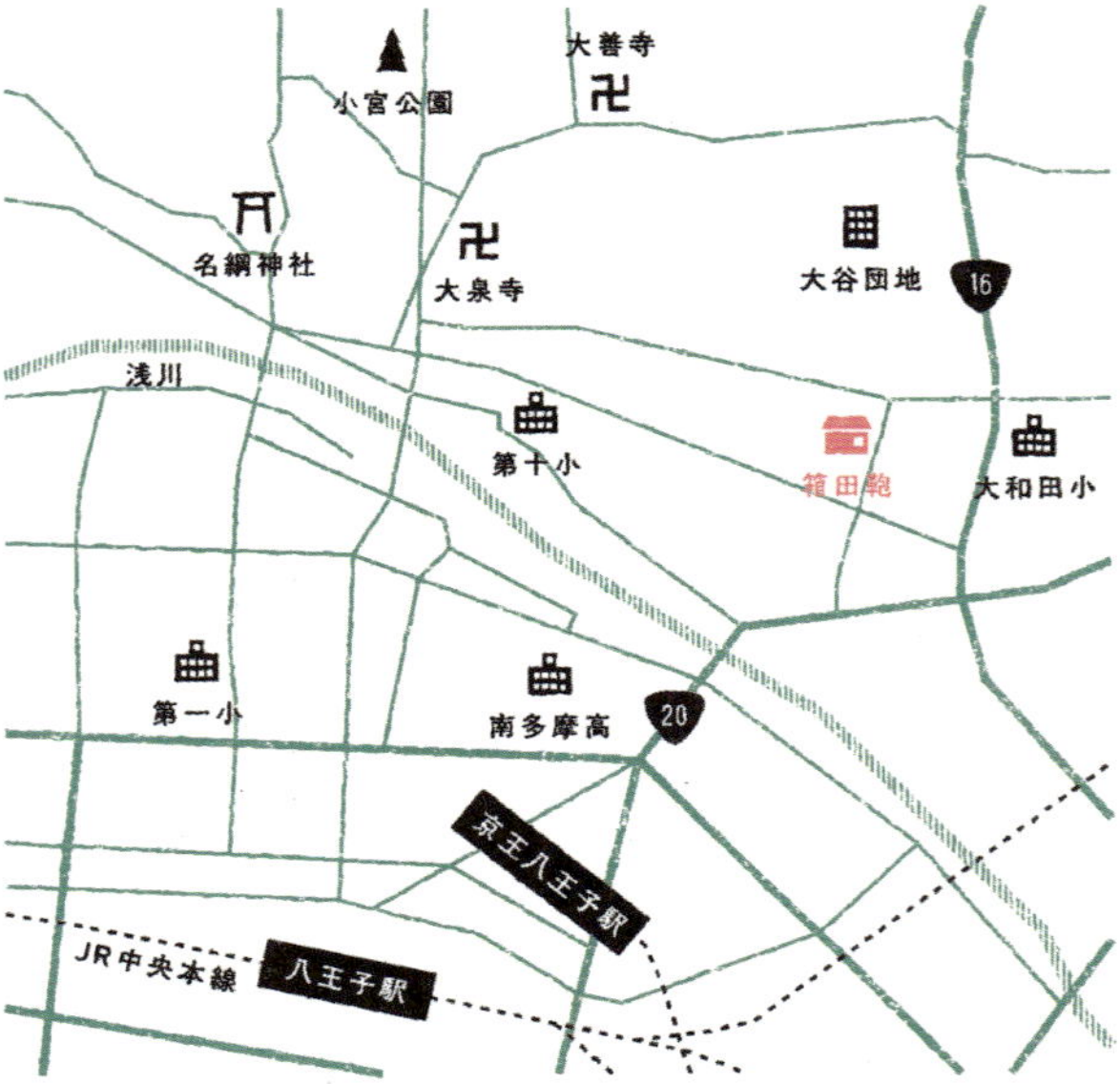


# 箱田鞄

## お店のプロフィール

オーナー　箱田友眞さん（はこだゆうしん）　1970年4月23日生まれ
香響さん（こうよ）　1973年3月20日生まれ

住所　東京都八王子市大和田町5・20・12

最寄駅　JR・京王八王子駅

電話　042・642・9710

HP　http://hakodakaban.jimdo.com/

営業時間　13時〜18時

定休日　月曜、火曜、水曜（HP要確認）

店舗面積　27・9㎡

オープン日　2012年4月28日

## 店舗オープンまでのスケジュール

1997年8月　開業を決意

1997年9月　『箱田鞄工房』（東京・久我山）オープン

〈山梨県上野原の西原常楽寺に引越し〉

2000年9月　『箱田鞄工房』オープン

〈広島県福山市に引越し〉

2003年11月　『常楽茶房・箱田鞄工房』オープン（ベジタリアン喫茶・鞄工房・鞄教室）

〈東京都八王子市に引越し〉

2006年4月　『常楽寺革工房』オープン（鞄工房・鞄教室）

2011年4月　物件探し

2011年8月　不動産契約／内装工事

2011年9月　東京都八王子同町内に引越し（鞄教室は引き続き開講）

2012年4月　『箱田鞄』オープン

## 開業のための資金

開業資金　総額300万円

〈内訳〉

店舗取得費　15万円

内外装費　30万円

ミシン・工具・道具など　120万円

什器・備品費　50万円

材料費　75万円

その他　10万円

〈資金の調達方法〉

自己資金　300万円

いつの頃からか、新しくて
早くて簡単が一番いいと
言われるようになった。
でも、古い店と道具を
ピカピカに磨いて
仕込みに時間を惜しまない、
「そんな店があっても
いいんじゃない？」
そう言えることが、
菓子職人のプライドです。

＼てづくり／

9

## 久保田商店

佐藤和弘さん & 記子さん

## 店の伝統と味を守りながら、新たな菓子の可能性を考える。

### 「継いでくれてありがとう」が嬉しい

遠くに山の稜線をとらえる豊岡街道は、東京・青梅市を起点に、茶畑が広がる埼玉・入間市へとのびる地方道だ。あたりを走る路線バスは、昼間なら1時間に1～2本。青空をさえぎる高層ビルのない沿道には、安穏とした暮らしが垣間見える。

酒まんじゅう一筋、創業90年の『久保田商店』は、街道沿いの今井という町にある。最寄り駅の八高線、金子駅からは2キロ近く歩かなければ辿り着かないし、タクシーで向かうなら「今井のまんじゅう屋さん」と伝えた方が早いほど、地元に根づいている小さな老舗だ。奥多摩の清流と名水から生まれた酒は、青梅の地で酒まんじゅうづくりを盛んにしたが、本仕込みの手間を惜しまず、つくり続ける菓子屋はわずかになってしまった。今、『久保田商店』の味を守るのは、4代目夫婦、佐藤和弘さんと記子さん。

「店を継いだのは、責任感とかじゃありません。子どもの頃から酒まんじゅうをつくる祖父母を見ていて、ただ面白かったしおいしかったから。漠然と自分もやりたいと思っていたことが実現しただけです（笑）」

初代の曾孫にあたる記子さんは、子どもの頃の想いのまま『久保田商店』に入り、同じ和菓子職人の夫、和弘さんとともに店を継いだ。

「初めは二人で季節の和菓子もつくってみようかって話もしました。でも、この酒まんじゅうづくりの大変さを知ると今は無理。毎日同じことをやっているようだけど、季節や天候によって状態が左右される種から、変わらない味をつくり続けるのは生

久保田商店

半可なことじゃないからね」
和弘さんは、すべての工程を人間の手と感覚でつくる難しさを教えてくれた。長年培ってきた、うまい酒まんじゅうをつくる工程、発酵、餡ねり、包餡、蒸し上がり……。どのタイミングも逃すことはできない。
「技術だけなら他でも覚えられるけど、数十年続いてきた店の味はここでしか学べない。無理して別の菓子をつくって、お客様においしい酒まんじゅうが届けられなくなったらダメなんです。でも、いつか新しい菓子をつくってみたいという気持ちは持ち続けています」
店を始めるとき、箱（店舗）や道具がそろっているのは最大のメリットだ。しかし、お客様が納得する味ができてこそ店主として認められ、さらなる挑戦が許されるのかもしれない。子どもの頃から食べ親しんだ美味を忘れない記子さんは言う。

「店を継げば先代からのお客様も継ぐことになるけど、それはメリットであると同時にリスクにもなります。味が落ちればお客様は離れてしまいますから。すべては自分たちの腕次第です」

5年前までは、現在99歳の先代、セイばあちゃんが店に立っていたが、引退後は二人で今日のまんじゅうのできを判断する。「キツいといえばキツいです」と職人夫婦は苦笑いしつつ、日々、お客様にかけてもらう言葉に励まされているという。「昔から食べてた味だ」「継いでくれてありがとう」。店の存在や変わらぬ味に寄せる想いは、店の内外で継がれている。

## 店を継いでから始めた新たなこと

早朝5時から包餡を始めて、湯気

があがる釜に、7段重ねの蒸籠をのせて30分。日に350個つくる酒まんじゅうは、開店早々、ご近所さんが買いにやって来る。余計な混ぜものは一切なし。米麹が発酵する力だけでふっくらと蒸し上げた酒まんじゅうは、真っ白な薄紙に手早く包まれて渡される。その様は気持ち良いほど潔い。

「今後の菓子のことを考えると、なんとかしなくちゃという気持ちが強いんですよね。このままだと和菓子屋はどんどん減っていくと思う」

2回目の蒸し上がりを待つ間、使い込んだ道具を片づけながら、和弘さんがぽつりと言う。

「今、みんな菓子はコンビニで買うでしょ。何日経っても菓子は固くならないしカビも生えない。それが当たり前になっているから、本物の菓子の味が分からない人が増えてしまうっていう危機感があります。子どもたちの前で話す機会があるときは『時間が経って、まんじゅうが固くなるのはなんでだろう？って考えてみてね』と伝えています」

店が代替わりするように、時代に応じて、菓子屋として考え担うことも変化した。佐藤さんが参加する「あおうめ会」の活動もその一つだ。

「青梅の菓子を盛り上げる、いろいろな取り組みをしているんです。イベントで、青梅産の大豆からつくったしょう油タレを塗った、焼き酒まんじゅう売ったり、梅ジャムをつくったこともあります。青梅の梅を使って、会のみんなで試作を重ねて販売して。えらい評判良かったんだけど、肝心の梅がとれなくなって今は生産中止状態。残念だけど、よその梅を使ってつくっても意味がないでしょ。自然のものを相手になにかをつくるって、そういうことです」

誠実なものづくりは職人の基本。さらに、田舎や郊外の店であれば、街の活性化に役立つことは必要不可欠な心得ともいえる。

一方で昨年、和弘さんと記子さんは新たな菓子づくりの機会を得た。地元のイタリア料理店のシェフと共同して「甘味処ともかず」を立ち上げ、創作菓子の販売を始めたのだ。

「うちは和菓子でシェフはイタリア料理。分野は違うけど、食べて思わず笑っちゃうような、うまい菓子を詰め合わせて販売しようってことになったんです。これがかなり勉強になるんだよね（笑）」

甘味処といっても店舗はなく、互いの仕事に支障のない、不定期の予約販売という形式だ。今春、『久保田商店』では、桜餡入りの練りきり、苺ソース添えの苺大福、ロゼワインのジュレをのせた浮島をつくった。

「お互い、普段使わない素材に挑戦してアドバイスしたりされたり、試行錯誤しながらやってます。ワインやゼラチンは初めて使う材料だから『なんだこれ！』ってことが起きる。寒天は溶かして流して常温になれば固まるけど、ゼラチンは冷やさないと固まらない。菓子職人なのに、そんなことも知らなかったんです」

活き活きと話す和弘さんは、熟練の和菓子職人というより、菓子づくりに目覚めた若人のようだ。

「忙しいから大変だけど、毎回面白いですよ。きっと、たまにやるから良いんでしょうね（笑）」

記子さんにとっても新たな試みは良い刺激になるという。たとえ店で毎日販売できなくても、自分たちが創作した菓子を喜んで食べてくれるお客様がいるのはなにより嬉しい。

あらためて二人に「店を継ぐ」ことへのアドバイスをもらった。

「継げる店があって先代がいるなら、1日も早く一緒に働いてみるべきだと思います。誰もやらないから、じゃあやろうかっていうのは難しい。なにを得られるかは分からないし、技術より感覚的なことが大きいと思うけど、先代の存在を感じるって大事です。後々分かることがきっとある。あまり堅苦しく考えずに、受け継いだものの中で新しいことに挑戦してみるのも良いんじゃないかな」

今在る店を活かし守りながら、さらに良い店をつくる。それはゼロから自分仕様の店を立ち上げる以上に難しいことがあるかもしれない。しかし、いつの時代も誰かを笑顔にするのが菓子屋の本分。和弘さんと記子さんは、その一点に心を尽くして酒まんじゅうをつくり続けていく。

# 久保田商店の1日

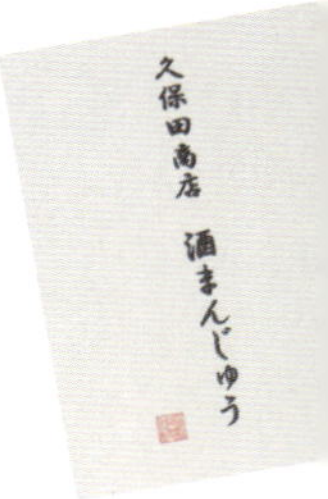


4:00
起床。

5:00
店に到着。仕事を始める。
＊前日仕込んだ皮種に小麦粉と砂糖を足してさらにこねる。

5:30
包餡を始める。

7:00
酒まんじゅうを蒸篭で蒸し始める（1回目）。
＊同時進行で2回目に蒸す分の包餡と明日の元種づくり。

8:00
蒸し上がり。

9:00
販売開始。2回目、蒸し始め。

9:30
2回目蒸し上がり。

10:00　朝食。

11:00　翌日分の餡ねり。

12:00　片づけ。

17:00　翌日の仕込み（元種を計り、小麦粉を入れてこねる）。

17:30　帰宅。

23:00　就寝。

＊販売終了時間は未定。午前中で売り切れる場合もある。

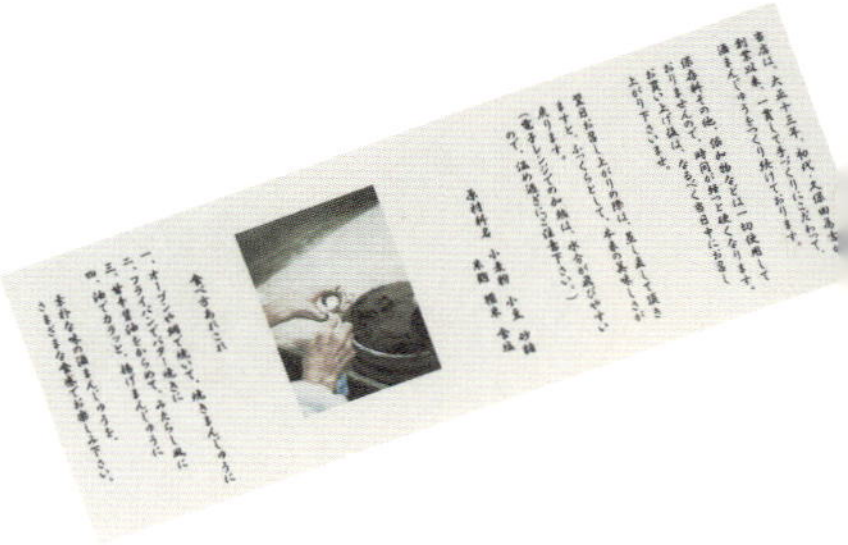

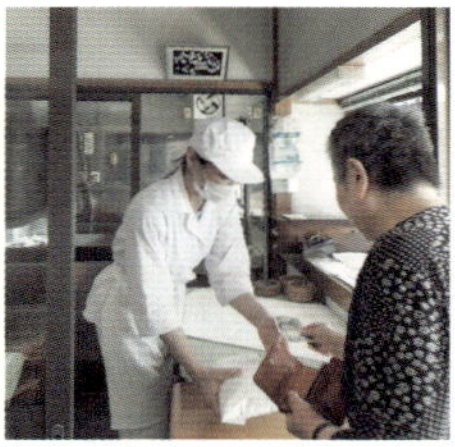

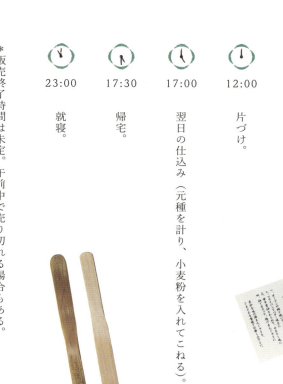

# 久保田商店

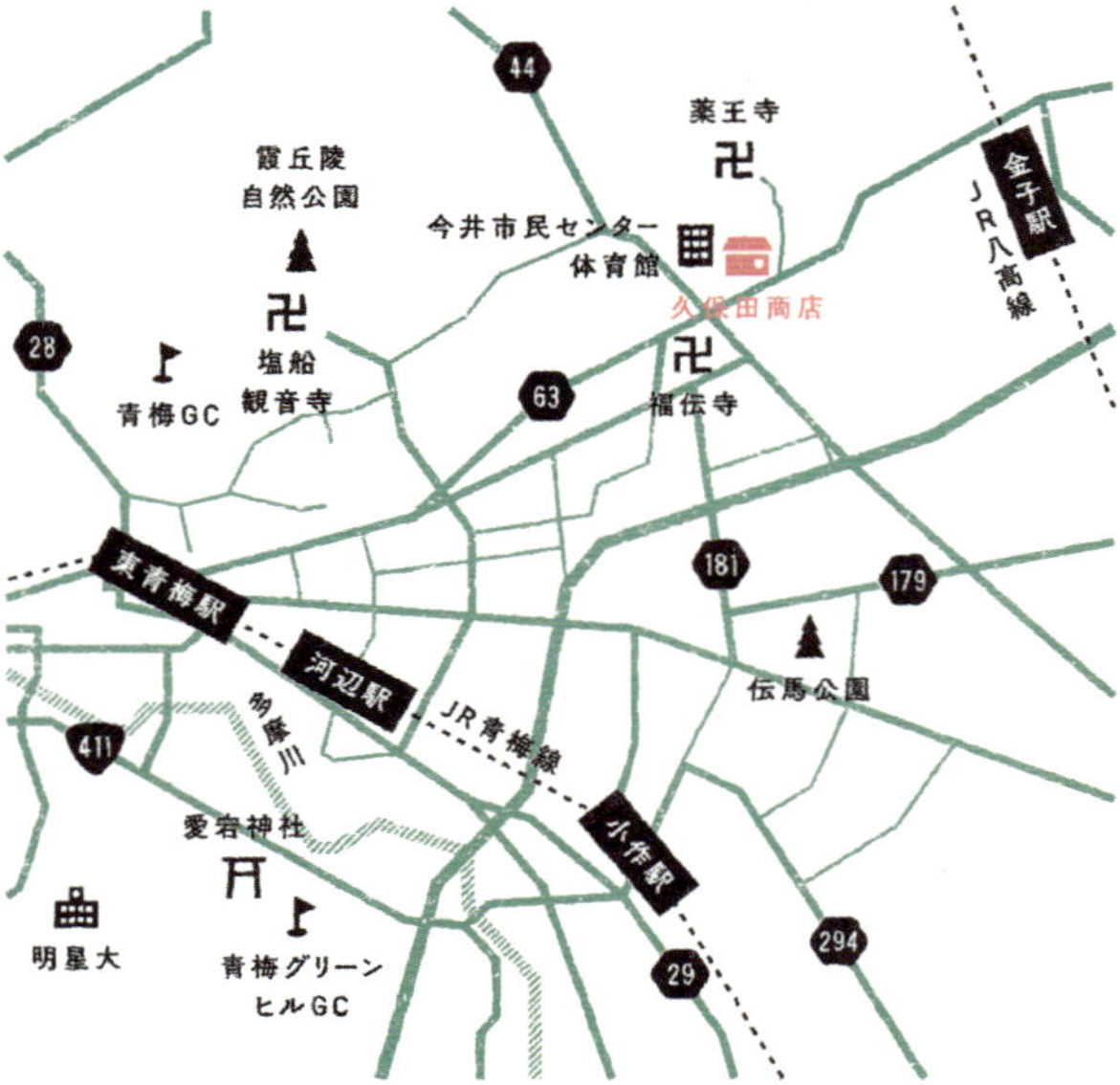


## お店のプロフィール

オーナー　佐藤和弘さん
（さとうかずひろ）
1968年11月2日生まれ
記子さん
（のりこ）
1977年3月30日生まれ

住所　東京都青梅市今井
2・906

最寄駅　青梅線小作駅・河辺駅、
八高線金子駅

電話　0428・31・0905

FB　www.facebook.com/
tamesanmanjyu

営業時間　9時〜17時（完売終了）

定休日　月曜

店舗面積　21㎡

オープン日　1924年

受け継ぎ日　2009年1月8日

## 店舗を受け継ぐまでのスケジュール

2008年10月　準備
2009年1月　受け継ぎ

## 受け継ぐのにかかった資金

受け継ぎ資金　総額40万円
〈内訳〉
仕入れ費　20万円
道具費　20万円
〈資金の調達方法〉
自己資金　40万円

# Q&A

各店からの一言アドバイスは、
左記のマークで掲載しています。

**Y**＝野菜ごはん＋ギャラリー YUSAN
**ハ**＝ハナメガネ商会
**タ**＝畑のコウボパン タロー屋
**ソ**＝喫茶ソスイ
**R**＝REGULUS
**コ**＝御菓子屋コナトタワムレル
**パ**＝絵本とコーヒーのパビリオン
**箱**＝箱田鞄
**久**＝久保田商店

# Q1 お店を始めるにあたって必要な心構えって？

自分のお店をもってどういうことでしょう？

夢の実現、自分の好きなものを集めた空間づくり、手づくりの商品を売る場所……。どれも間違ってはいませんが、忘れてはいけないのは「店」＝事業だということです。業種はさまざまありますが、開店したらお客様に足を運んでもらい、商品を売って対価を得る場所（仕事場）が「店」です。

せっかく念願かなって店をオープンしても、維持できなければ閉店せざるを得なくなります。店を始める前に、自分が店でなにをやりたいのかを明確に考えると同時に、開業資金や、開店してからどれくらいの売上が見込めるのかなど、経営者としての金銭的な試算は必須です。そのうえで自分の店の売り（魅力）を最大限に発揮して、お客様に長く支持される店づくりを考えましょう。

＊

**Y**＝しっかりとした店の強みとぶれない軸をもつこと。

**タ**＝自分がお客様に届けたいことを明確にする。最初から完璧じゃなくても、漠然とじゃなく、リアリティをもって店を始めることが大事だと思う。

**ソ**＝お店のことばかりじゃなく、いろんなことに興味をもつと良い。いろんなお客様が来るし、自分もいろんなことを知っていたら役に立つことがあると思う。人を大切にすることが大事。一人でできることと何人か集まるからできることがあるだろうし、いろんな分野の人と交流をもつと良いと思う。

**コ**＝始めるのは簡単だけど続けるのが大変。最初からうまくいくと思わない方が良い。

**箱**＝ビジョンを明確にもって始めるのが大切。こういう場所で、こういうものをつくりたいという強い思いがあるとその方向にいくもの。

**久**＝店を継いだので、昔からの店の味とつくり方をそのまま残したい、という気持ちで始めた。

## Q2 お店のコンセプトってなに？どうやって考える？

「コンセプトってなに？」「なんのために必要なの？」。普段使うことのない言葉は、初めて店をオープンしようとする人には難しいことのように感じられるかもしれません。

コンセプトとは、あなたの店のテーマだと考えてください。すなわち、あなたの店でお客様にどんなことを感じてもらいたいのか？ということです。堅苦しく考えず、あなたが一番伝えたいことをコンセプトに据えましょう。たとえば、若い女性客に、本格的なお抹茶と創作和菓子を味わってもらいながら「日本の伝統美と、和菓子の新たな魅力に気づいてもらう店」がコンセプトだとします。そこからどんなことが考えられますか？店の外観イメージは、少なくとも西洋のお城やログハウス風ではありませんね？内装にポップな色柄を使うこともないでしょう。和菓子はどんな器に盛りますか？高級な漆器、若手作家がつくる作品、年代物の器……、さまざまな選択肢が浮かびます。店づくりの軸となるコンセプトが決まれば、こうして開店に必要な要素を固めて統一感のある店をつくることができます。そしてなにより、あなたの店を訪れるとどんな良いことがあるのかを明確にお客様に知らせることができるのです。最初からガチガチに型にはめる必要はありません。じっくりと丁寧に、誰になにを伝えてどんな気持ちになってほしいのかを考えてみてください。

＊

**ソ**＝明確にこれ、とは決めていないが、なにをやっても店主のカラーは出るものだろうし、人の真似をしたところで面白いものはできないのかなと思う。

**コ**＝自分がやりたいスタイル、どんなときに使ってもらいたいか、誰に売りたいのかを考えた。

**パ**＝オープンして新しいことが起きたときに、対応しながらつくり上げていくものだと思う。あまり決め過ぎず、頭の中に余白を残しておくことを大切にしている。

**箱**＝自分がやりたいこと、心を込めて丁寧につくったものを届けたいという思いを店（工房）にした。

## Q3 開業するために必要な届出と資格は？

店を始める＝事業を始めるにあたっては、その業種に関わらず、開業後1ヶ月以内に営業を所轄する税務署へ「個人事業の開業・廃業等届出書」（開業届）の提出が必要です。そして、1年間（1月〜12月）の売上や諸経費を「確定申告書」にまとめて、翌年の2〜3月に税務署に申告します。その他、開店するために必要な届け出や許可、業種によってとっておくと良い資格があります。本書で取材した店のオーナーさんの例を見てみましょう。

＊

【飲食業】

・食品衛生責任者

食品の製造や調理、販売を行うために必要な資格。保健所に申し込み、6時間の講習とテストを受ければ取得できます。

※調理師免許、製菓衛生師（その他、（管理）栄養士など）の有資格者は食品衛生責任者の資格は不要。

・食品衛生法に基づく営業許可

飲食に関わる業種（飲食店営業、菓子製造業、喫茶店営業など、34の業種）については、営業許可が必要です。許可を得るためには、店舗の厨房設備などが各自治体の定める要件を満たしているかどうかなど、保健所の立ち入り調査があります。

【古物取り扱い業】

・古物商許可

古本のように誰かが所有していた品や骨董品、アンティーク品を取り扱い、継続的に利益を出そうとする場合は、所轄する警察署の許可が必要です（問い合わせ窓口は防犯係など）。申請に必要な書類は各都道府県によって異なりますが、住民票、身分証明書、登記事項証明書、誓約書、略歴書などです。

※行商（店舗以外で営業）する場合は、申請書にある項目を忘れずにチェックしましょう。また「古物市場主」の資格を取得すると、古物商同士で売買するための市場を開くこともできます。

＊

Y＝開業届、調理師免許、飲食店営

業許可、古物商許可（店のために取得したわけではないが、現在、店でアンティーク類も扱っている）。

**ハ**＝開業届、古物商許可。

**タ**＝開業届、菓子製造業許可、食品衛生責任者。

**ソ**＝開業届、飲食店営業許可、食品衛生責任者、マクロビオテックス・コンシェルジュ（興味があったので取得）。

**R**＝開業届、フラワー装飾技能士資格（なくても花屋はできる）。移動販売なので、店先を借りる許可。

※花の卸売り市場の売買参加権を取得すれば、競りに参加できる。

**コ**＝開業届、菓子製造業許可、食品衛生責任者。

**パ**＝開業届、古物商許可、飲食店営業許可、食品衛生責任者、第二種電気工事士（店をつくる際、電気工事に必要だったため取得）。

**箱**＝開業届。

**久**＝開業届、製菓衛生士免許、菓子製造業許可。

【飲食店開店までの流れ】

営業を所管する保健所に相談
- 営業許可業種の確認
- 施設設計や設備に関する相談

食品衛生責任者の資格を取得

↓

食品衛生法に基づく営業許可を申請
- 店舗図面を添付し、必要書類を提出する

↓

保健所の立ち入り調査
- 施設基準をクリアしているかどうかを判断する→不備があれば再調査

↓

営業許可を得て晴れて開店へ

## Q4 開業資金ってどれくらい必要だろう？

開業するためには、いったいどれくらいのお金が必要なのでしょう？

必要な資金は2種類、開店までにかかる①準備資金と、開店後に必要な②運転資金があります。それぞれの資金の内訳項目は以下の通りです。

＊

①準備資金

- 店舗取得費（保証金・仲介手数料・前払い家賃・駐車場代など）
- 改装費（内外装・空調・照明・看板設置費など）
- 設備費（厨房機器・什器費など）
- 宣伝広告費（名刺・ショップカード・ホームページ制作費など）
- 初期仕入れ費
- 開業準備期間の生活費

②運転資金

- 店舗維持費（家賃・水道光熱費・通信費など）
- 仕入れ費
- 返済金（借入金返済金など）
- 生活費
- その他、交通費・人件費など

＊

これらの中でもっとも資金を必要とするのは店舗取得費でしょう。しかし、店の立地条件によってかなり差があるのも事実です。都心で店舗用物件を借りる場合と比べると、郊外なら、その1／2、田舎なら1／4以下の金額で借りられる物件も数多くあります。また、業種によってもかかる費用は異なります。仕入れや設備費用が安くすむリサイクルショップなどの業種や、自宅の一部を改装して店舗にするなら100万円以内でも開業は可能です。

飲食店は、一般的に1千万円近い資金が必要だといわれていますが、厨房機器に中古品を使用したり、リースすれば費用を削減できます。さらに、厨房設備が整っている居抜き物件を探してみるのも一案です。ただし、中古機器は故障している場合もあるので、事前に確認することが大切です。

あなたの店にとって必要不可欠な資金はなにか、削減できるところはどこかを考えて、資金額を試算してみましょう。

# 5 開業資金はどうやって集める？

自己資金で開業できるに越したことはありませんが、なかなかそうはいきません。初めて店を開こうとする人が融資の相談をしやすいのは、地方自治体が運営する公的融資制度か、国が100％出資している日本政策金融公庫です。ここでは低金利で長期間の借り入れが可能な日本政策金融公庫を例に、融資までの流れを説明しましょう。

＊

【主な融資の種類】

①新規開業資金＝対象は、新たに事業を始める人、または事業開始後おおむね7年以内の人。

②女性・若者・シニア起業家支援資金＝対象は、①＋女性または30歳未満か55歳以上の人。

③再チャレンジ支援融資＝対象は、①＋廃業履歴のある人。

※①～③のうち一定要件を満たせば、無担保・無保証人で融資が受けられる制度もあります。

【融資までの流れ】

①相談・申し込み

創業計画書（創業の動機・経営者の略歴・商品・必要資金・収支計画など記載）や設備資金の見積書などを持参して公庫の各支店窓口で相談。各用紙は日本政策金融公庫のホームページからダウンロードできます。

②面談

担当者が店舗を訪れて、事業計画（創業理由・商品内容やコンセプト・販売先や店舗立地・資金計画・収支予測）などについて聞き取り、融資を検討、判断します。

③融資

融資が決定したら、必要書類に記入して、契約の手続きをします。完了すると、銀行口座に入金されます。

④返済

原則は月賦払いで返済をします。

＊

また、もし親族から資金の借り入れをするなら、借りたことの証明（借用書や返済額を記載した通帳など）がないと贈与と判断される場合があるので注意が必要です。

## Q6 店舗物件はどうやって探す？

物件探しは、不動産業者の仲介に頼るのが一般的ですが、本書で取材した店のオーナーは、知人の紹介や情報をもとに物件探しをしたという人が多くいました。都心ほど不動産業者が多くない田舎や郊外で物件を探すなら、その地域に住んでいる知人に情報提供してもらうと心強いでしょう。空き家になっている場所や、前の居住者や大家さんのことなどが分かる場合もあります。

もし、店を開きたい場所がある程度決まっているなら、専門業社に頼む一方で、自分の足で街の情報を得ることも必要です。住んでいる人の年齢層や男女比、平日と休日の人通り、人が集まる施設やイベントがあるか、近くに競合店があるかどうか、お客様はどんな交通手段で来るのかなど、自ら確認しておくと安心です。

業者に依頼する場合は、あなたの要望（店舗の広さ、家賃・敷金・礼金などの金銭面、電気・ガス・水道工事の必要の有無、引き渡し時期、日当たり、築年数、改修可能な物件か、など）をしっかり伝えておきましょう。飲食店なら、居抜き物件（前の居住者が飲食店で、什器など設備がそのまま残っている物件）を希望するかどうかも重要なポイントです。紹介されたら、なるべく多くの物件を見て、妥協せず根気よく店のイメージに合う物件を探しましょう。

＊

**ソ**＝知人の不動産屋さんに、ある程度の条件を伝えて探してもらった（広さ、場所、家賃の目安、自分たちで改装可能な物件であること）。いろんな不動産屋さんに頼むのではなく、信頼できる方に任せた。2～3ヶ月で決まった。

**パ**＝奈良は不動産情報が少なく、街の人たちのクチコミで得られる情報も貴重。「店舗物件を探している」ことをみんなに伝えておいて情報をもらった。多少条件と合わなくても、なるべく多くの物件を見て、足で稼いだほうが良い。ネットワークを大切に。

**箱**＝知人の紹介。安心だし、ご縁だと思うから。

## Q7 立地の理想と現実って？

店は人通りの多い場所にあるのが理想的というわけではありません。大切なのは、開業資金とのバランスを考えて、店の顧客（ターゲット）が多い立地（ロケーション）を選ぶことです。あなたの店について次のことをイメージしてみてください。

＊

①店のコンセプトや経営方針
②ターゲット（年齢・性別・職業・嗜好など）
③商品価格と特性（商品イメージ・個性的か日常的か）
④＋α（交通の便は悪いが駐車場つき・土地勘の有無など）

＊

たとえば、年長者が多い長閑な街中に、〝安くて早い〟を売りにしたコーヒースタンドを開店しても繁盛しません。逆に、価格が高くてもその店でしか飲めないコーヒーなら、不便な場所でもお客様は来るはずです。あなたの店では、誰を相手になにをどんなふうに提供しますか？

＊

**ソ**＝にぎやかな駅前よりは、静かで気持ち良い場所が良かった。今の店は駅から徒歩15〜20分かかるが、結果的に良かったと思う。しいて言うなら、敷地内に駐車場があった方が良いなと思う。遠くから来てくださる方がいるので。

**コ**＝今が理想。良さそうな物件を見つけても、駐車場がないとか飲食店はダメなど条件が合わなかった。結果的に、実家が使っていなかった建物を改修するのが一番だった。

**箱**＝初めての開業なら、自分たちの身の丈に合った場所を選ぶのが良い。お店が好立地でも、それで続くというものでもない。職種にもよると思うが、分かりにくい場所にある店でも良いものがあれば人が集まると思う。

**久**＝今の時代は、どこがいい、ここだからダメとかあまり関係ないと思う。情報発信の手段がたくさんあるし、駐車スペースがあればたいていは大丈夫。立地については、あまり考えなくても良いと思う。現状、集客などで不安や不便を感じることはない。

## Q8 田舎・郊外で開業して良かったこと、土地に馴染むための努力は？

田舎や郊外で店をオープンすることのメリットは、物件取得費の安さなど金銭的なことばかりではありません。一般的に、開業には向かないとされる不便な場所にある店には「たまたま通りかかったから」というお客様は少ないはずです。しかし、店主であるあなたが魅力的な店をつくれば、お客様は「この店に行きたい」という意思と目的をもって訪れます。店主にとって、自分の店にわざわざ足を運んでくれたお客様と出会える喜びは、大きなやりがいになるでしょう。

また、店舗周辺が住宅街であれば、ご近所さんは営業を見守ってくれる存在です。開業前のあいさつはもちろん、田舎や郊外ならではの近隣との和を大切にしましょう。

＊

**ハ**＝今の場所で良かったと思うのは、のんびりやれるところ。益子は陶器市が年2回あるので、普段は長閑だけど、遠方から大勢の人が集まる時期もある。そういうメリハリのある街はいいと思う。

**コ**＝遠方からでも、うちの店を目的に来てくれるお客様がいるので嬉しい。家の近くなので土地勘があるし、子どもがいるため、家族が近くにいるので安心。

**パ**＝店づくりをしながら町内の祭りに参加して神輿を担いでいたので、ご近所さんと馴染みになった。オープン時には2日間の内覧会をやって、どんな店か理解してもらった。分かりにくい場所でも、探して来てくれるお客様がいるのが嬉しい。

**箱**＝静かなのが一番。お客様とゆっくり話ができる。開業前に、ご近所さんや鎮守さんに「こういうことを始めます」というご報告をすると良い流れができる。

**久**＝お客様に「分からなかったよ、通り過ぎちゃったよ」と言われながらも、うちを目指して来てくれることが嬉しい。郊外でも、イベントに出たり、フェイスブックなどで情報発信したりすれば、ちゃんと周囲の反応がある。

# Q9 お客様に足を運んでもらう宣伝方法って？

お客様に店の存在や商品の良さを知ってもらうためには、どんな宣伝方法があるでしょう。

＊

①ホームページ・ブログ・SNS
店のコンセプトや商品、アクセス方法を伝え、商圏外からの集客のきっかけにもなる。しかし、インターネットを使わない世代には効果が期待できない。

②チラシ・ダイレクトメール
開店時はもちろん、イベントや新商品入荷時期に活用（ポスティング、折り込み、街頭配布、送付）すると良い。

③ショップカード
客層が似ている店に置かせてもらうと効果的。思わず手に取りたくなるカードをつくることがポイント。

＊

本書で取材した、田舎や郊外にある店のオーナーさんに「集客のために行っている宣伝は？」と聞いたところ「ほぼクチコミだけ」という答えが返ってきました。なによりの宣伝は、立地に頼らなくてもお客様に支持される、良い商品、良い店をつくることです。

＊

**ソ**＝日々、100％でやっていれば、良いと思った方がまた来てくれると思っている。そのお客様がどんな目的で来てくれたのかな？ということを考えて接することは大切。

**R**＝移動販売なので、場所やマルシェの雰囲気に合わせて服装を変えている。Tシャツだったり蝶ネクタイをしめたり、雰囲気が変わると興味をもってもらえる。小さなことでも、常にお客様に反応してもらえるように心がけている。

**コ**＝最初から隠れ家的な店として使って欲しかったので、とくに宣伝はしなかった。クチコミだけ。

**パ**＝普段使いの店でありたいと思っているので、とくに宣伝はしていない。こういう場所（住宅街の路地裏）なので、ご近所さんとのお付き合いも大事にしている。

**久**＝まず、おいしくなきゃお客様は来てくれない。自分が食べて本当においしいものを売るのが基本。

## Q10 設計や内外装はどうする？

自分の店の設計や内装を考えるのはワクワクする作業です。しかし、お客様を迎えると同時に、あなたが1日のほとんどを過ごす仕事場をつくるのですから、機能面の充実や金銭的な試算など、しっかり考えながら進めることが大切です。

まず、あなたの店のコンセプトに合う店舗をイメージしてください。具体的には、ターゲットや商品に合った雰囲気（壁・照明・全体の色調など）、作業に適した動線、お客様の動線、商品の見やすさ、居心地の良さ、清潔感……。もっとも大事なのは、店の第一印象となる部分、看板を含めた店の入り口です。お客様が来店するかどうかを意志決定する場所ですから、あなたの店がどういう店なのかが明確に分かり、お客様が入りたくなるように工夫しましょう。

また、できるだけ多くの店を見て歩いたり、雑誌に掲載されている店舗の施工例を見たりして、ビジュアルや設計・施工業者の情報を収集しておくと、工事を依頼するときにイメージを伝えやすくなります。

依頼する際は、数社から見積もりをとり、比較検討してから決めることをおすすめします。このとき注意したいのは、飲食店の設計施工依頼です。飲食店は、食品衛生法に基づいた施工基準をクリアしなければ、営業許可がおりません。せっかく工事が終わったのに、さらに改修が必要になってしまったということがないように、飲食店に関する知識と経験のある専門業社をセレクトすべきでしょう。

工事開始が決まったら、ご近所さんにあいさつをして、工事中はまめに現場に足を運ぶようにします。コミュニケーションをとり、開店後も良好な関係を築くことはオーナーとして大切なことです。

＊

Y＝建物に魅力や個性があるので、それを潰さないような内装を考えた。古材を使いつつ、飲食店なので清潔感を大切にした。

ソ＝3軒でやっているので、共有部分についてはみんなが「そう、そう」

と納得できる微妙な感覚を大切にしている。
**コ**＝気軽に食べてもらえるお菓子をつくっているので、店内も温かくて懐かしい感じを意識した。キッチンは仕事場なので、自分の気分が上がる色を全面に塗った。
**パ**＝建物の構造を大きく変更しないという制約もあり、設計は自ずと決まっていったが、自分としては「じっくり取り組むこと」にこだわった。長く現場にいてさまざまな季節や光の具合などを体感して、場所の持ち味を知ることができた。また、本をたくさん置く場所なので、本にとって快適な条件を考えて採光の取り方や風通しを検討したら、結果的にはそれが人にとっても心地良い空間になったと思う。何事も時間をかけて取り組むとプラスの効果が多い気がする。

## (11) 店名やロゴ、ショップカード、ホームページはどうやってつくる？

店名は、店のコンセプトに合ったものを考えることが基本です。自分の子どもに名前をつけると思って考えると良い案が浮かぶかもしれません。まず大切なのは、みんなに親しんでもらえる（呼びやすい、覚えやすい、響きが良い）ことです。お客様が店名を見たり聞いたりしたときに店のイメージがわいて、店主の思いが伝わればさらに良いでしょう。また、ひらがな、カタカナ、漢字、ローマ字……さまざまな表記によって印象も変わります。どんな名前をどういうふうに表記するのかを併せて考え、あなたの店に相応しい店名をつけてください。

店名が決まったら、店の顔になるロゴ、名刺やショップカード、ホームページをつくります。取引先やお客様に渡す名刺やショップカードは「思わず手に取りたくなる」「捨てられない」ものをつくることが、結果的に販売促進につながります。

ホームページはどうでしょう。「自分で制作した」という店主さんも大勢いますが、予算に余裕があればプロのデザイナーに依頼してみるのも良いでしょう。費用は、盛り込む内容や依頼先によってかなり違いますが、おおよそ、個人デザイナーなら10万〜、専門業者なら20万〜です。

最近はSNSで手軽に情報発信できるため、ホームページは不要と考える人もいます。しかし、店のコン

ハ

Y

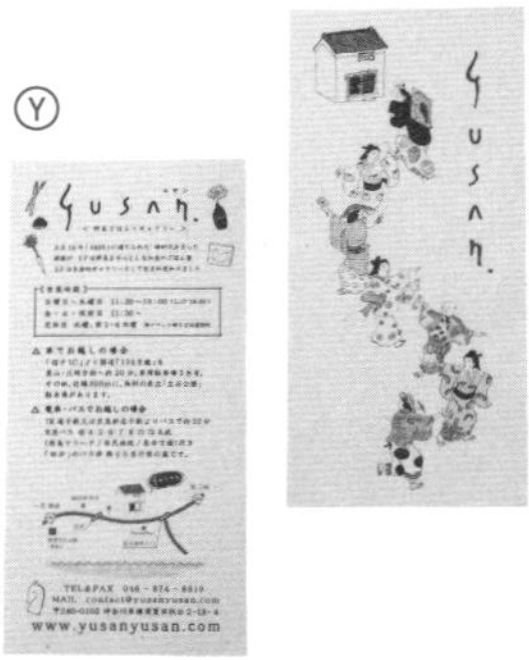

セプトや店主の考え、こだわりの商品などを明確にお客様に伝えることができるホームページは効果的な宣伝ツールといえます。

＊

**Y**＝店名は、四国の風習「遊山《ゆさん》」から名づけた。ロゴマークは、友人のデザイナーに依頼。イラストは彦根元禄絵巻をパロディ風にして描いてもらった。着物の柄が野菜になっていたり、この時代にはないワイングラスが描かれていたり、隠れたところに遊び心が感じられるようにした。

**ハ**＝ショップカードは、店の暖簾をデザインしてくれた型染め作家のsometaeさんのデザインを使って自分でつくった。ロゴマークはイラストレーターの弟に書いてもらった。おマセな女の子がお母さんの真似をしてブカブカのハイヒールをはいて本を持っている。お母さんの本棚を覗きに来た女の子、レディの入口のようなイメージで描いてもらった。

**タ**＝店名は、友人の「タロー屋でいいじゃん」の一言から。自分も素直に良いと思えたので即決した。昔からタローと呼ばれていたし、お客様にも覚えてもらいやすい。

**コ**＝ロゴは、友人のイラストレーターに相談したらつくってくれた。持ち帰り用の袋には「粉」をイメージする「計り」をアクセントにしたスタンプを押している。

**パ**＝店名のパビリオンは、移動式テントという意味。世界各国の絵本を紹介したかったし、移動するテントのような店でありたいと思って決めた。ショップカードや名刺、ホームページは自分たちでつくった。もともと、誰かに頼むという発想がない。

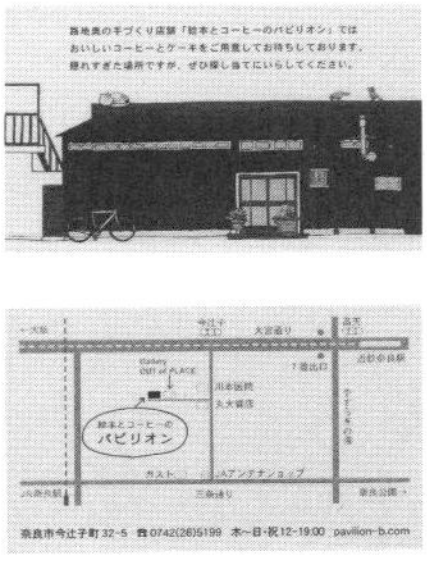

パ

コ

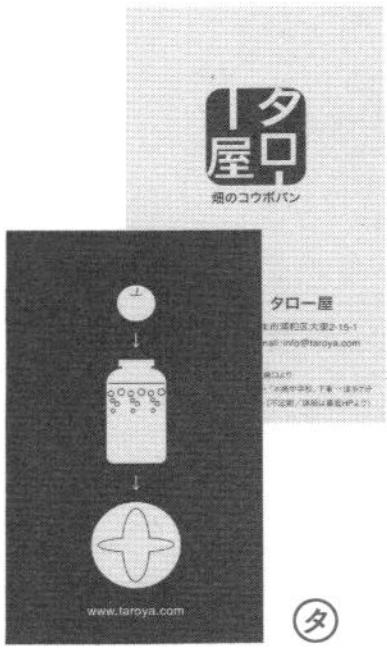

タ

## Q12 仕入れのこだわり、商品の値段はどうやって決める？

なにをどこから仕入れるのか？また、仕入れ値から適正な販売価格を判断するのは店主の重要な仕事です。仕入れ方法は業種によって異なりますが、以下のことに注意して最適な仕入れルートをセレクトし、価格を設定しましょう。

＊

①取引条件の確認をする

掛け率、最低発注額、支払い方法、期限など。

②商材別に仕入れルートを検討する

商材ごとに、最適で確実な仕入先を確保し、決定する。

③計画的な仕入れ

なにがどれくらい必要なのかを考え、計画的に仕入れる。

＊

**ハ**＝買い取りの仕入れが一番多い。セレクト古本のおしゃれな店と昔ながらの店では値のつけ方が違う。たとえば難しい専門書は、医学書専門の古本屋なら高値がつくがうちでは値がつかないこともある。

**タ**＝値段は、原価＋諸経費。そこは基本的にくずさない。なるべく抑えたいけど、かかったものに対する価値は、店を続けていくためにも無理して下げないようにしている。仕入れは、自分たちの畑で採れたもの＋なるべくオーガニックのものにしたいので、知人から紹介してもらったところから仕入れている。紹介者がいないと取引してくれない業者さんもいるので、なかなか大変（紹介者がいても取引NGの場合もあるらしい）。

**R**＝基本は市場で仕入れる。花は仕入れ値の変動が大きいが、その花の価値を下げるような値で仕入れることはしない。生産者が気持ち良く売ってくれる値段で買い、その価値をお客様にも伝えたいと思う。それが小売店の役割だと思う。たまたま安く仕入れたからバンバン安く売るのは好きじゃない。

**コ**＝人件費や家賃は入れずに設定している。買ってもらえれば普通に成り立つ程度。仕入れ先は、修行した店からの紹介＋自分で探した店＋インターネット。

**パ**＝古本は、仕入れ値＋経費＋思い入れで値をつける。店によって値段はさまざま。どんな商品でも、店とお客様が双方に納得できる値段に落ち着けるのが一番良いのかなと思う。海外買いつけ（仕入れ）については、経験してみないと分からないことばかりなので、まずやってみた方が良い。SNSなどで、海外との距離もぐっと近くなっているし、選択肢もあるので、言葉ができないとか不安がらずにやってみることが大切。

**箱**＝革は、修行した師匠の店に紹介してもらった問屋（浅草橋の問屋街）から仕入れている。問屋でもいろいろあって、大きいところだと取引価格の決まり（〇円以上から取引OK）があったりする。そういうところはメーカー相手だし、一般の人が気軽に行って少量から買えるところもある。

【業種別仕入れルート】

小売店の場合
1. 卸業者（問屋）
2. 展示会やインターネットで探したメーカーと直接取引
3. 買いつけ（海外など）
4. 作家などから直接仕入れ（委託・買い取り）

生花店の場合
1. 仲卸業者から買い取る（仲介料が発生するため割高）
2. 市場の競りに参加する（要資格）

飲食店の場合
1. 問屋
2. メーカー
3. 生産者から直接買いつけ
4. 自家栽培

## ⑬ 一人、家族、友人と開業するメリットとデメリットって？

一人で店を切り盛りするオーナーさんは、自由になることがある一方で、仕入れから製作、販売、接客、日々の事務作業まで、大量の仕事をこなさなければいけません。そんなとき、もしパートナーがいてくれたら、心強く、仕事の分担もできます。本書で取材した、家族で店を営んでいるオーナーさんからは「家族だから安心」「無理なことでも頼める」という声が多く聞かれました。

しかし、友人・知人と一緒に店を始めるとなると、いくつかのことに注意が必要です。最低限「責任の所在」「仕事の分担と店での役割」「売上の分配」（逆に赤字ならどうするのか？）を明確に決めておくべきです。売上が発生する「事業」は、仲が良いだけでは続きません。開店後に仕事の能力差が表れたり、営業方針などに違いが生じる場合もあります。

事業のパートナーとして、それぞれが得意なこと、不得意なことはなにか？お互いの苦手な部分を補い合える関係かどうかを見極めることが重要です。

＊

**Y**＝夫婦で互いに足りないものを補い、刺激し合えるのが良い。スタッフがいても、店舗に最適な人数だったらデメリットは生じないと思う。

**タ**＝家族には無理なことでも頼める。一緒にいられるし、同じ体験ができるのが良い。

**コ**＝一人だと自分の思い通りにできるけど、とにかく仕事が多くて大変。

**パ**＝夫婦だとコストがかからないし、決定的な決裂がない（笑）。わがままも言うけど自分も我慢するので良い関係が保てている。もし人を雇うのなら、自分の家族だと思ってやる方がいいんだろうなと思う。他店を見ると、そういう店は長続きしている。

**久**＝二人とも、うまいものをつくるためにケンカしないというか、ケンカにならない。一緒にうまいものをつくっているからケンカにならないのかな？

## ⑭ 店頭販売以外の売り方って？

店をオープンして、しっかり売上を出せるようになるまでには約半年かかるといわれています。本書で取材した店のオーナーさんは、いろいろな販売方法を経験して顧客を増やしてきました。自宅で始めたネット販売や卸が評判を得て、実店舗をもった人も多くいます。店頭で販売する以外の商売の可能性について、ぜひ参考にしてください。
※店によっては、現在は行っていない販売方法もあります。

＊

**Y**＝ケータリング、レシピ作成、イベント出店、ネット販売（店主セレクトの器や衣食住に関わる品）

**ハ**＝ネット販売、イベント出店（のちに実店舗）

**タ**＝ネット販売、イベント出店、卸（のちに実店舗）

**ソ**＝イベント出店

**R**＝移動販売、イベント出店（のちに実店舗）

**コ**＝ネット販売、出張販売、イベント出店、お菓子教室（のちに実店舗）

**パ**＝ネット販売、イベント出店（のちに実店舗）

**箱**＝イベント出店、卸、鞄教室（のちに実店舗）

**久**＝イベント出店、地元の店と共同で創作菓子の受注販売（不定期・地方発送あり）

## 15 ネット販売はどうやって始める？

インターネットショップは、低予算で立地条件などに関係なく始めることができます。本書で取材した店の中にも、まずはネット販売でお客様を獲得し、ニーズを知ってから実店舗をもったというオーナーさんがいます。始めるときは、以下のことに注意しましょう。

＊

①ホームページ開設

制作はプロに依頼するのがベターです。ショッピングカートシステムを導入すれば、月額1万円ほどの費用で商品管理、顧客管理などのサービスが利用できます。その他、お客様からメールで直接注文を受ける方法もあります。

②特定商取引法に基づく表記

ホームページには以下を表記することが必要です。ショップ名、責任者名、所在地、電話番号、メールアドレス、ホームページアドレス、支払方法、商品お届け時期、返品・交換について、送料の負担など。

③商品説明

商品写真と商品の素材やサイズ、使い方、食品なら原材料、古物なら商品状態などを詳しく掲載します。

④発送方法

商品破損や到着の遅れなど、トラブルが発生するおそれがある重要な部分です。梱包を万全にすることはもちろん、配送方法は、補償つきのものを選ぶようにしましょう。

⑤支払方法

- クレジットカード（カード決済代行業者を利用することが多いです。1件ごとに手数料が発生します）
- コンビニ決済（払込票方式・番号方式。コンビニ決済代行サービスを行う会社に依頼します）
- 代金引換（宅配業社と契約します。代引手数料と、業者がショップの口座に代金を払い込む際の払込手数料が必要です）
- 銀行払い込み（払込手数料が必要ですが、安心で確実な方法です）

※その他、後払い代行サービスを行う会社を利用する店も増えています。

※ネットショップでも実店舗同様に届け出や資格が必要です（P108）。

＊

**ハ**＝商品を送るとき、補償があるかないかで送料が変わるので、そういうことを考えて業者や送り方を選ぶと良い。

**タ**＝通販や卸は、店がお客様に直接商品を届けるのが難しい販売方法なので「失礼のないように」というのが基本。おいしいものがおいしいと伝わるように、包装自体はシンプルに仕上げている。

**コ**＝基本的に、メールでのやりとりなので、意思疎通がうまくいかない場合もあるが、なるべく丁寧に説明する。また、商品に一言添えて送ると、良いコミュニケーションになると思う。

**パ**＝古本を送るので、注文前に汚れやヨレなど、なるべく商品の状態が伝わるように努めている。

【ネット販売の基本的な流れ】

お客様から注文が入った！

↓

内容確認

↓

注文確認メール（ショッピングカート使用の場合は自動配信メール）

↓

検品

↓

梱包

↓

入金確認（後払いの場合を除く）

↓

発送

↓

発送完了メール→商品到着

## Q16 イベント出店するにはどうすればいい？

全国各地で開催される手づくり市やクラフトフェアに参加すれば、自分の作品を広く知ってもらうことができ、仕事のオファーがくることもあります。自分の店をもつ前に、数々のイベントに参加してお客様を得たというオーナーさんも多いようです。

イベントの主旨や規模によっても参加方法は異なりますが、一般的な例を以下で説明します。

＊

①事務局に申し込む

申し込み書と申し込み金、必要であれば作品の写真を添えて申し込みます。なお、食品販売については、原則、営業許可証の提示が求められるなど、細かな出店規約があります。

②出店決定

先着順や抽選で出店が決まるものもありますが、多数の応募がある人気イベントの場合は選考を経て最終決定されます。また、申し込み金の他に出店料が必要な場合もあるので事前にチェックしましょう。

③出店当日

釣り銭や什器などを準備して、スムーズに開店できるようにします。お客様や作家同士のコミュニケーションを大切にして時間を有効に使いましょう。名刺やショップカードを用意しておくと便利です。

＊

R＝一つのイベントに参加したら、なるべく他の出店者とのコミュニケーションをとる。他のイベントに出るためではないけど、結果、いろいろな情報が集まってくる。

コ＝出店したいイベントには実際に行ってみて、雰囲気やどういう店が集まって、どんなお客様が来るのかを確認してから申し込んだほうが良い。行ってみたら想像とまったく違う雰囲気のイベントだったということも多々ある。

久＝菓子組合などから声がかかって、日常の仕事に支障がなければ出るという感じ。普段の仕事あっての話なので、無理して出ることはしない。

## 17 移動販売をやってみたいんだけど……？

開業資金を抑えたい、いろんな場所に出かけてお客様をもてなしたい、という人にとって、移動販売はトライしてみたい開業方法かもしれません。しかし天候に左右され、お客様も安定しにくい環境では、商品のみならず店主自身も魅力的でなければ長続きしません。

＊

【移動販売へのステップ】

①車両を入手する

移動販売用の車両は、購入する、レンタルする、または中古の車を改造して使用することもできます。本書で紹介した『REGULUS』のように、荷台に小屋を積んで店にする方法もあります。

②必要な許認可を取得する

すべての業種について「開業届」の提出が必要です。その他、道路上で販売するなら警察署に「道路使用許可」を得ます。飲食業を営む場合は、実店舗同様に施設基準をクリアして保健所の「営業許可」を得て、「食品衛生責任者」の資格も取得します(販売する地域ごとに許可が必要)。

③販売場所を確保する

多くは、店舗前や大手スーパーの敷地などを借りて営業します。場所によって、売上の何%かを支払う場合もあります。

＊

R＝まずは覚悟とビジョンが大切。ものをつくるときは、ちゃんと完成形を思い浮かべるもの。それが浮かばないなら、なぜ浮かばないんだろう？と考える。とくに、移動販売は固定客ばかりじゃないので、販売場所や店構えが良いだけでは、お客様は継続して来てくれない。商品や接客が大切。基本的に屋外での営業なので、暑かろうが寒かろうがやらなきゃいけないということは覚悟すべきだし、自然相手という側面もあるので、その場の状況判断も必要。夏は真っ黒に日焼けして熱中症になりかけたり、冬は手がかじかんで動かなかったり。そういうことを考えると虚弱な人にはオススメできない仕事。

## 18 店舗スペースを使って企画展をやってみたいんだけど……？

場所（店舗）があることのメリットを活かして、スペースを開放したり企画店を開催したいと考えるオーナーさんも多いでしょう。物販や飲食店としての機能にプラスして企画展を開催すれば、新たなお客様が来店するきっかけになるなど、さまざまな交流が生まれます。

計画するときに考えなければいけないのは、企画が店のコンセプトに合っているか、お客様のニーズがあるか、ということです。初めは季節や行事を意識した企画だと、業種を問わず取り組みやすいかもしれません。たとえば本屋なら、夏に「海の絵本展」というテーマを掲げて選書コーナーを設けてみるのも良いでしょう。小さなことでも、普段の営業とは違う「動き」がある店には人が集まります。

お客様に喜んでもらうためには店主の企画力やセンスが問われます。普段から他店の企画展に足を運んだり、クラフト、写真、絵、音楽、映像……いろんな分野に興味をもち、情報を得るよう心がけましょう。

＊

**【企画展の例】**

①企画展示（器、写真、イラスト、絵画など）
②ライブ（音楽、朗読会、絵本の読み聞かせ、トークイベントなど）
③ワークショップ（手芸、雑貨、料理、お菓子づくりなど）

＊

**Y**＝街中ではない場所にある店なので、その土地の時間を楽しんでもらえるような企画を考えることが大事だと思う（併設のギャラリーで地元作家のいろんな作品の展示や、各種教室、ライブや蚤の市などの催しを開催中）。

**ハ**＝こけし、鳥の作品を集めた企画展、絵本の古本市、店の雰囲気に合う作家さんのグループ展などを開催。

**コ**＝うちの店で「なにかをやってみたい」と言ってくれる人もいる。そのときは、自分の店の客層に合っているかどうかで判断する（月に1回、お菓子、雑貨、地元の野菜などが集まるマルシェを開催中）。

## 19 SNSの利用方法は？

フェイスブックやツイッターなどのSNS（ソーシャルネットワーキングサービス）の国内利用者は1000万人を超えます。その主な目的は、情報拡散（営業や商品情報の伝達）と、ネットワークの拡大（店のファンを増やす）、お客様とのコミュニケーションです。

店の基本的なコンセプトや商品詳細をホームページに掲載し、SNSで最新の情報や画像を発信すれば、お客様に知ってもらいたい情報が早く伝わると同時に、より身近な店として認識してもらえるというわけです。しかし、利用にあたってはリスクもあります。マナー（顧客のプライバシーを侵害しない）を守らず、安易に来店情報や画像を掲載して、お客様に不愉快な思いをさせてしまっては店の信用に関わります。

また、店主自身も「店」と「個人」の情報をどこまで公開するのかを考えなくてはいけません。SNSは、自分で把握しきれないほどの人が閲覧する可能性があるツールです。お客様だけでなく、自分の個人情報も守るという姿勢が重要です。

＊

**Y**＝なるべく個人的なことは書かないようにしている。鮮度を保つ程度に、店の重要なお知らせのみを定期更新することを意識している。電話、メール、ホームページに加えてSNSなど、今はたくさんの発信源があるので、予約の窓口だけは絞らないと大変。

**R**＝やるんだったら楽しくしたいと思っている。きれいな写真だけでは人の心は掴めないなぁと思って、フェイスブックは、わざと一行飛ばしで書いて4行しか見えないようにしている。最初の4行で、いかに続きを読んでもらえるようにするか？ということを考えている。

**コ**＝お菓子の場合は、まず写真が大事。おいしそうな写真があるとないとでは見てくれる人数がまったく違う。「フェイスブックにのっていたお菓子ありますか？」という人も来てくれる。お菓子は文章だけじゃ伝わりにくいなと実感している。

## ⑳Q 接客で気をつけていることは？

接客は、店とお客様をつなぐ大切な仕事です。あなたのお店と他店が同じような商品とサービスを行っている場合、お客様はより気持ちの良い接客をしてくれる店を選ぶでしょう。昨今、接遇マナーの研修会などが多く開催されるのは、その重要性が再認識されているからだともいえます。

接客の基本は、①笑顔、②正しい言葉遣い、③お客様の質問に答えられる商品知識です。ただし、マニュアルに沿った接客がすべての場面で正解とは限りません。店にはいろいろな人が出入りします。とくに個人店には、商品を買いに来るお客様だけでなく、オーナーとの何気ない会話を楽しみに来る人もいます。常連のご近所さんや、わざわざ遠方から訪れるお客様もいるでしょう。一番大切なのは、そのお客様の様子から気持ちを察して、誠実に応対をするということです。

また、ときには商品のことや接客に関して苦情を受けることもあるかもしれません。言われれば嫌な気分になりますが、なにも言わずに来店しなくなるお客様もいます。「改善点を言ってもらった方がありがたい」と受け止める心の余裕も大切です。

＊

**R**＝あたりまえのことだが、花のことで質問をされたときは、適当なことを言わない。分からないことはその場で調べて答えている。商品を売ろうというより、なるべく仲良くなろうと思って接している。商品を買わなくても、おしゃべりをして帰るお客様がいて良いと思っている。

**コ**＝人見知りなので大変。一人で製造販売しているので、お客様としゃべり過ぎると作業ができないという悩みがある。お見送りは笑顔で丁寧にと思っている。

**箱**＝革は年月が経つと変化する商品なので、そういうことはあらかじめきちんと伝えている。

**久**＝昔ながらの紙包みでお渡しするので、大量に買っていかれる方には、何個包みにするかなど、要望を伺っている。

## 21 お店を続けていくために必要なことってなに？

目標を掲げて経営（資金）計画を立てることは、店を安定して継続するために必要なことです。しかし実際には「お客様が来ない」「お客様は来ても売上目標に達しない」「利益は出ているが、忙し過ぎて身体を壊してしまった」など、さまざまな理由で店を継続できなくなることがあります。店を始める目的や目標は十人十色ですが、実現可能な計画を立てて、日々実行しなければ目標に到達しません。経営計画というと、とかく金銭的なことのみを考えがちですが、それぞれのライフスタイルに合ったペースで営業を「継続する」ことを考えることが大切です。

＊

**Y**＝今日が100％なら明日は101％になる努力。そして、初心と野心を忘れない。

**タ**＝自分の仕事を好きでい続けられること。それが一番の活力だと思う。製造だけじゃなくて、なるべくお店に立つ機会を増やしてお客様と接すると、それも活力になる。ただパンをつくっているだけだと、仕事全体の魅力がぼやけてしまう。

**ソ**＝マイペースに、自分が無理なくやっていることが結果的に続くと思う。臨機応変さ、柔軟さも大事。歯を磨くように、水を飲むようにできることが続けられる仕事だと思う。

**コ**＝続けようと思ったら、無理せず自分の身体も気持ちも休めないとダメ。ちゃんと自分の時間との線引きをすることも大事だと思う。お客様からの要望はたくさんあるので、どこまでやるのかを考えることも必要。やろうと思ったら際限なくやれてしまうので。

**パ**＝あきらめないことが大切。「飽きない」ことを見つけることができれば「あきらめず」にできると思う。

**箱**＝自分の中の理想（作品や商品、店など）を持ち続けること。

**久**＝毎日同じことを繰り返しながら、その中でちょっとずつ違うところを見つけられるかどうか。それが面白いと思えなければ菓子づくりも店を続けるのも厳しいと思う。

# あとがき

「自然に囲まれた場所で店を開いて、好きなことを始めたいなぁ」。そんなふうに考えることはありませんか？　でも、憧れだけで店舗経営はできません。逆に、唯一無二の商品やサービスを生み出せるオーナーなら、どんな場所であっても成すべき仕事は変わらず、その結果、多くのお客様に支持される店をつくることができます。

開店ノウハウは数多ありますが、肝心なのは「この場所で、誰になにを届けたいのか？」「自分はどんなふうに人と関わって生きていきたいのか？」という、オーナーの発想と心得だと思います。

取材の中で、ある方が教えてくれました。

「同じような毎日の中でも、面白味を見つけられなければ、店は続かないよ」。

窓の外の景色や作業は変わらなくても、同じ出会いは二度とありません。立地に関わらず、お客様との一期一会を大切に、届ける商品にプライドをもてててこそ〝店主〟なのです。今回の取材で、あらためて人と接する仕事の「苦」と「楽」両方を教えていただいたように思います。

本書の制作にあたり、多くの方にお世話になりました。店舗の皆様。伺ったお話は、どんな職業の人にも響く人生の好例で、最高のアドバイスです。本当にありがとうございました。読者の皆様にも、今後の人生の指針となる言葉が見つかれば幸いです。

最後に、常にモチベーション高く誠心誠意の仕事をしてくださったデザイナーの林さん、フォトグラファーの金井さん。大きなお腹で東奔西走してくれた編集の高須さんと、取材終了を待っていたかのように誕生したベビーに、心から感謝を申し上げます。


長井史枝　Nagai Fumie

ライター、編集者。リトルプレス『BonAppétit』発行人。人物インタビューや店舗取材など、暮らし・働き方を伝える媒体を主に活動する一方、料理、スイーツのレシピ本制作にも多く関わっている。編集・著述本に『Cafe Lisetteのお菓子』（エンターブレイン）、『オープンサンドレシピブック』『本と店主：選書を通してわかる、店主の原点。店づくりの話』（誠文堂新光社）、『エディターズ・ハンドブック編集者・ライターのための必修基礎知識』『やさしいお菓子すべての手順が写真でわかる10枚レシピ』（雷鳥社）などがある。

## 雷鳥社　既刊情報

### 20代でお店をはじめました。
女性オーナー15人ができるまで
●田川ミユ・著
●1600円＋税

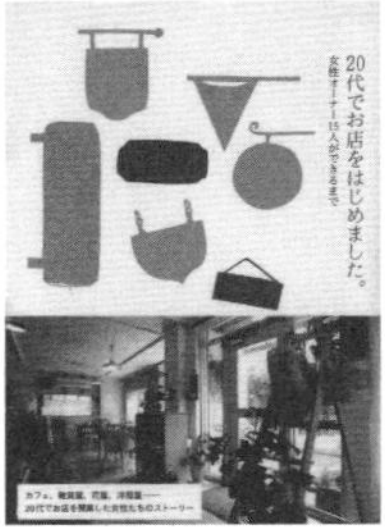


魅力的なお店には必ず魅力的なオーナーがいます。カフェ、雑貨屋、洋服店など、20代という若さでお店を持った女性たちのストーリー。開業までの歩み、お店を持つことによって生まれた内面的な変化など、彼女たちの人生の一部分を切り取りました。

### 30代でお店をはじめました。
女性オーナー17人ができるまで
●田川ミユ・著
●1600円＋税

知識、経験、資金、お店を出すために必要なあれこれを考えると、30代は絶好のタイミングかもしれません。ただ、30代女性は生活環境が変わりやすい時期でもあります。いろんな葛藤を乗り越えて開業に踏み切った女性たちのインタビュー集。

## ものづくりを仕事にしました。

女性クリエイター15人ができるまで

●田川ミユ・著
●1600円＋税

布小物作家、陶芸家、あみぐるみ作家、フローリストなど、「好きなこと」を仕事にした女性たちのものがたり。「趣味」を「仕事」にしたことで生じる責任やプレッシャーとどのように向き合っているのか、女性作家にスポットをあてました。

## 男子、カフェを仕事にしました。

男性オーナー12人に学ぶお店のはじめかた

●田川ミユ・著
●1600円＋税

開業前のカフェづくりのいろはから、どのように人を集めるのか？カフェを運営していくためには？など、開業後に必要なノウハウまでもが詰まった一冊。「カフェ」を「仕事」にして「続けていく」ことを目的とした、実践するためのカフェハウツー本。

## 小さなパン屋さん、はじめました。

女性オーナー10人に学ぶお店のはじめ方・続け方

●田川ミユ・著
●1600円＋税

パンの味や素材はもちろん、内外装や小物にもこだわった、「世界に一つだけのパン屋さん」を実現させた女性オーナー10人のストーリー。魅力的なパン屋さんを開業した女性にスポットをあて、開業までの歩み、続けていくことへの想い、女性だからこその強み・弱みなどを、豊富な写真とともに紹介したハウツー本。

# 田舎・郊外でお店、はじめました。

都心からはなれて人気店をつくった14人に学ぶ
お店のはじめ方・続け方

2015年11月19日　初版第1刷発行

著者　長井史枝
デザイン　林真（vond°）
写真　金井恵蓮
イラスト　林真（vond°）
編集　髙須香織
発行者　柳谷行宏
発行所　雷鳥社
〒167-0043
東京都杉並区上荻2-4-12
TEL 03-5303-9766
FAX 03-5303-9567
HP http://www.raichosha.co.jp/
E-mail info@raichosha.co.jp
郵便振替 00110-9-97086
印刷・製本　シナノ印刷株式会社


ISBN978-4-8441-3689-7 C0077